Zollinger · Arachnes Rache

Edi Zollinger

Arachnes Rache

Flaubert inszeniert einen Wettkampf
im narrativen Weben:
Madame Bovary, Notre-Dame de Paris
und der Arachne-Mythos

Wilhelm Fink Verlag

Umschlagabbildung:
Diego Velázquez, Las Hilanderas o la fabula de Aragne

Bibliografische Information der Deutschen Nationalbibliothek

Die Deutsche Nationalbibliothek verzeichnet diese Publikation
in der Deutschen Nationalbibliografie; detaillierte bibliografische Daten
sind im Internet über http://dnb.d-nb.de abrufbar.

Alle Rechte, auch die des auszugsweisen Nachdrucks, der fotomechanischen Wiedergabe und der Übersetzung, vorbehalten. Dies betrifft auch die Vervielfältigung und Übertragung einzelner Textabschnitte, Zeichnungen oder Bilder durch alle Verfahren wie Speicherung und Übertragung auf Papier, Transparente, Filme, Bänder, Platten und andere Medien, soweit es nicht §§ 53 und 54 URG ausdrücklich gestatten.

© 2007 Wilhelm Fink Verlag, München
(Wilhelm Fink Gmbh & Co. Verlags-KG, Jühenplatz 1, D-33098 Paderborn)

Internet: www.fink.de

Einbandgestaltung: Evelyn Ziegler, München
Satz: Martin Mellen, Bielefeld
Herstellung: Ferdinand Schöningh GmbH & Co. KG, Paderborn

ISBN 978-3-7705-4375-5

LE MAITRE. Est-ce que tu pries?
JACQUES. Quelquefois.
LE MAITRE. Et que dis-tu?
JACQUES. Je dis: « Toi qui as fait le grand rouleau, quel que tu sois, et dont le doigt a tracé toute l'écriture qui est là-haut, tu as su de tous les temps ce qu'il me fallait; que ta volonté soit faite. *Amen.* »
LE MAITRE. Est-ce que tu ne ferais pas aussi bien de te taire?

Diderot, *Jacques le fataliste et son maître*

Inhaltsverzeichnis

1. Ein grosses Wort

Charles' letztes Wort und woher er es hat. Wie aus diesem Wort schon ein ganzer Roman entstanden ist. Frollo ritzt in eine Mauer und Rodolphe schreibt einen Brief. Das Lesen als Vorbereitung auf das Schreiben. «Madame Bovary» als Gegentext zu «Notre-Dame de Paris»?

13

2. Der Glöckner in Charles Kappe

Der Ochse und der Lehrer. Eine Fabel in der Schulstunde. Flauberts kastrierter Stier und Hugos gehörnter Ehemann. Charles läutet die Glocken. Der Glöckner in Charles Kappe.

29

3. Der Ochsenziemer

An dem hässlichen Ding hängt ja ein Ochsenschwanz! Wie Charles sein Geschlecht verliert. Und wie er es wieder findet. Wovon seine feuchten Träume handeln. Der Ochse fühlt sich als Stier.

45

4. Eine Stadt zum Aufessen

Die Zoten in den Schnaps-Karaffen. Die Hauptstadt in der Hochzeitstorte. Zwei Biskuit-Türme.

57

5. Der mechanische Apparat

Operation Klumpfuss. Und wie sie schon auf einem Bild in Notre-Dame de Paris zu sehen war. Hippolyte und Quasimodo: die gefolterten Patienten. Auch Esmeralda wird der Fuss geschunden. Zwei mechanische Apparate.

63

6. Die Spinne in der Dachluke

Die doppelte Djali. Der verleugnete Kapitän. Ah! Ih! Oh! – Djali, Djalioh, Quasimodo und Charbovari. Die Spinne in der Dachluke.

75

7. Vergiftet und erwürgt

Der Roman im Bild im Roman: Esmeralda und Emma werden belästigt. Zwei Kinderschuhe: Berthe und Esmeralda erkennen ihre wahre Mutter. Zwei letzte Umarmungen: Quasimodos Ende mit Schrecken und Charles Schrecken ohne Ende. Zwei Frauen ersticken: Esmeraldas und Emmas Tod. Und was das alles mit Arachne zu tun hat.

87

8. Der perfekte Text

Der Text im Text: Arachne macht aus alten Geschichten neue. Und Flaubert nimmt sich an ihr ein Beispiel. Die Spinne und die schwarze Sonne. Minerva wird bestraft. Der verspottete Vater. Die wunderbarste Metamorphose.

101

Anmerkungen

111

Literaturverzeichnis

123

Verzeichnis benutzter Siglen

- MB   *Madame Bovary* (Flaubert 1951)
- SCN   *Plans et scénarios de «Madame Bovary»* (Flaubert 1995)
- LG   *La Légende de saint Julien l'Hospitalier* (Flaubert 1952)
- QQV   *«Quidquid volueris»* (Flaubert 2001)
- DIR   *Dictionnaire des idées reçues* (Flaubert 1966)
- CORR II   *Correspondance II* (Flaubert 1980)
- ND   *Notre-Dame de Paris* (Hugo 1975)
- FAB   *Fables* (La Fontaine 1991)
- LP   *Livre posthume* (Du Camp 1853)
- SL   *Souvenirs littéraires* (Du Camp 1994)
- MM   *Metamorphosen* (Ovid 1988)

1.
EIN GROSSES WORT

Charles' letztes Wort und woher er es hat. Wie aus diesem Wort schon ein ganzer Roman entstanden ist. Frollo ritzt in eine Mauer und Rodolphe schreibt einen Brief. Das Lesen als Vorbereitung auf das Schreiben. «Madame Bovary» als Gegentext zu «Notre-Dame de Paris»?

Am Anfang steht häufig ein einziges Wort. Es überrascht, weckt, vielleicht nur durch seinen Klang, Assoziationen zu anderen Wörtern – weckt jedenfalls Neugier.

FATALITE

heisst ein solches Wort in *Madame Bovary*. Es ist das letzte Wort, das Charles im Roman spricht. Emma, seine über alles geliebte Frau, ist zu diesem Zeitpunkt bereits tot. Sie hat ihn belogen und betrogen und durch die teuren Geschenke, die sie für ihre Liebhaber gekauft hat, in den Ruin getrieben. Über ihren Verlust hinwegkommen kann Charles trotzdem nicht. Da trifft er eines Tages auf dem Markt in Argueil, wo er eben sein Pferd, den letzten Besitz, verkauft hat, Rodolphe, den einen ihrer beiden „amants". Charles weiss um Rodolphe, er hat den Brief gefunden, in dem Rodolphe mit Emma Schluss macht. Rodolphe, dem die Begegnung sichtlich peinlich ist, stammelt zuerst ein paar Entschuldigungen, gibt sich dann aber einen Ruck und lädt den gebrochenen Witwer auf eine Flasche Bier ein, es ist ja doch heiss, Mitte August. Beim Bier referiert er nun über Landwirtschaft, Vieh und Dünger, um nicht aus Versehen das unangenehme Thema anzuschneiden; dabei ist ihm Charles, der liebe Kerl, nicht einmal böse, nicht mehr zumindest:

«Je ne vous en veux pas», dit-il.
Rodolphe était resté muet. Et Charles, la tête dans ses deux mains,

reprit d'une voix éteinte et avec l'accent résigné des douleurs infinies:
« Non, je ne vous en veux plus! »
Il ajouta même un grand mot, le seul qu'il ait jamais dit:
« C'est la faute de la fatalité! » (MB:610)¹

Das sind wahrlich grosse Worte. Solche hört man, der Erzählerkommentar bestätigt es, vom maulfaulen Charles sonst im ganzen Roman nicht. Er, der doch immer nur undeutlich nuschelt und abgedroschene Plattheiten von sich gibt, setzt hier auf einmal diesen druckreifen Satz; und darin leuchtet, durch seine Alliteration mit „faute" so richtig ins Scheinwerferlicht gerückt, das geheimnisvolle Wort „fatalité". Woher er es wohl hat? Es passt nämlich so gar nicht in sein plumpes Vokabular.

Er hat es, das wird zwar nicht gesagt, aber ist doch zu vermuten, in jenem Abschiedsbrief aufgeschnappt, den Rodolphe an Emma geschrieben hat und den Charles, kurze zwei Seiten bevor er seinen grossen Satz spricht, zerknüllt zwischen zwei Kisten auf dem Estrich findet. Was Charles da erfahren muss, ist dem Leser bereits bekannt. Er war dabei, als Rodolphe das schlimme Schreiben verfasst hat, und darin steht nach vielem anderen zu lesen:

> L'idée seule des chagrins qui vous arrivent me torture, Emma! Oubliez-moi! Pourquoi faut-il que je vous aie connue? Pourquoi étiez-vous si belle? Est-ce ma faute? Ô mon Dieu! non, non, n'en accusez que la fatalité! (MB:476)

Hier ist es also wieder, das grosse Wort. Und bereits hier alliteriert es mit „faute". Rodolphe, der schändliche Herzensbrecher, weiss, was man mit Worten bewirken kann. Emmas Liebe ist ihm nämlich ganz einfach lästig geworden, und er benutzt „fatalité" bloss in effekthascherischer Absicht, um sich die allzu anhänglich gewordene Geliebte vom Hals zu schaffen. Der entlarvende Satz wird dann auch gleich nachgereicht:

> « Voilà un mot qui fait toujours de l'effet », se dit-il. (MB:476)

Es ist ein Wort, das Eindruck schindet – und das macht es zu einem verdächtigen Wort; gerade für einen wie Flaubert, der sich zur Aufgabe gemacht hat, auf Wirkung bedachte Elemente in unserer

Sprache zu entlarven. In seinem *Dictionnaire des idées reçues*, seinem Wörterbuch der Gemeinplätze, heisst es zudem, „fatalité" sei ein „mot exclusivement romantique" (DIR:272). Es ist eines jener Wörter, die man eigentlich nur bei den Romantikern antrifft, die, treten sie in einem Roman auf, diesen als einen romantischen erkennen lassen.

Flauberts Beziehung zur Romantik, das ist bekannt, war nicht immer die Beste. Mit ihr verbindet ihn eine Art Hassliebe. Wie keine andere Epoche hat sie ihn als jungen, unveröffentlichten Schriftsteller beeinflusst, und wie keine andere hat er sie später verspottet. Gelesen hat er die Romantiker aber immer – wie ja auch Emma, als sie noch die Klosterschule besuchte.

Hier könnte nun die Reise nach dem Herkunftsort von Charles letztem Wort enden. Man könnte sich damit begnügen, und das hat man bisher getan, in ihm einen pauschalen, spöttischen Seitenhieb gegen die Romantik zu sehen. Doch damit wird man Flaubert nicht gerecht. Er sucht sich die Opfer seines Spotts sehr genau aus, – und im Wort „fatalité" findet sich ein erster, versteckter Wegweiser, der den Ort benennt, den sein Spott treffen soll. Ein Roman, den Emma damals im Kloster verschlungen hat, vielleicht der berühmteste seiner Zeit überhaupt, soll nämlich ganz allein aus dem romantischen Wort „fatalité" entstanden sein. – Wir befinden uns auf der Schwelle zu *Notre-Dame de Paris* von Victor Hugo.

In seinem Vorwort zum Roman berichtet Hugos Erzähler, wie er in einer finsteren Nische eines Turms der Notre-Dame die Buchstaben „'ΑΝΑΓΚΗ", Griechisch für „fatalité", eingraviert gefunden hat, und wie ihn seither die Frage nicht mehr loslässt, wer wohl diese „âme en peine" (ND:3) gewesen ist, die die Welt nicht verlassen wollte, ohne zuvor die geheimnisvollen Lettern in die Kirche einzugraben. Auf diesem Wort habe er dann sein ganzes Buch aufgebaut:

C'est sur ce mot qu'on a fait ce livre. (ND:4)

Auch der Leser möchte natürlich wissen, wer da in den dunklen Winkel von Notre-Dame geritzt hat und warum, und er erfährt es nach etwa zweihundertfünfzig Romanseiten. Es ist Claude Frollo gewesen, der Archidiakon von Notre-Dame. Nicht mehr ertragen kann er, dass ihn die schöne Bohemienne Esmeralda zurückweist und er greift verzweifelt, halb wahnsinnig vor Liebeskummer zum Zirkel und beginnt zu gravieren (ND:268).

Während also Frollo im Jahre 1482 „'ΑΝΑΓΚΗ" in den Stein gräbt, bringt Rodolphe knapp vierhundert Jahre später dessen französische Übersetzung „fatalité" zu Papier, und liest man nun nebeneinander die beiden Szenen, in denen Rodolphe und Frollo schreiben, so wird nach und nach ein feines Netz sichtbar, das sie untereinander verbindet. Eine erste Verknüpfung findet sich in ihren jeweiligen Beweggründen, das grosse Wort niederzuschreiben. Sie könnten unterschiedlicher nicht sein. So gräbt der eine, Frollo, die Lettern „'ΑΝΑΓΚΗ" in den Stein, weil er die geliebte Esmeralda nicht bekommen kann, während der andere, Rodolphe, das Wort „fatalité" aus dem genau entgegengesetzten Grund zu Papier bringt, nämlich um die nicht mehr geliebte Emma loszuwerden.

Die Gegensätze sind genauso augenfällig wie die Parallelen: – Frollo und Rodolphe. Wer um Flauberts Interesse für Namenspiele weiss, horcht auf, ist dem Herzensbrecher Rodolphe doch der Name seiner Gegenfigur Frollo gleichsam anagrammatisch eingeschrieben – und die Beiden haben noch einiges mehr gemeinsam. Gemeinsam ist den zwei Unglücksbringern, der eine mitschuldig am Tod der Esmeralda, der andere an dem von Emma, auch ihre Unfähigkeit zu weinen. Sie wird in beiden Szenen Thema. Während Frollo aber, so heisst es, die unterdrückten Tränen quälen, die in ihm gischten und kochen wie das Meer, wenn ihm jeder Auslauf verwehrt ist (ND:268–269) – die Beschreibung dieses inneren Kampfes erstreckt sich über die Länge einer halben Seite–, stört es Rodolphe nicht besonders, dass er nicht weinen kann. Er ist pragmatisch.

> «Pauvre petite femme! pensa-t-il avec attendrissement. Elle va me croire plus insensible qu'un roc; il eût fallu quelques larmes là-dessus; mais, moi, je ne peux pas pleurer; ce n'est pas ma faute.» Alors, s'étant versé de l'eau dans un verre, Rodolphe y trempa son doigt et il laissa tomber de haut une grosse goutte, qui fit une tache pâle sur l'encre; [...].[2] (MB:477–478)

Rodolphe stört seine Gefühlskälte nicht weiter, und er lässt kurzerhand eine gefälschte Träne auf seinen heuchlerischen Brief fallen, eine Träne, die genauso verlogen ist, wie der romantische Kitsch, mit dem sie sich auf dem Briefpapier vermischt. Und dieser Moment, in dem Rodolphe sein vollendetes, im Ton schwülstigster Romantik gehaltenes Kitschwerk durch einen Tropfen verwässert und damit zur Perfektion bringt, verdient nun in mancherlei Hinsicht Aufmerksamkeit.

In beiden Szenen, bei Hugo wie bei Flaubert, beobachten wir eine Person beim Schreiben. Und wenn in einem Roman vom Schreiben berichtet wird, lohnt es sich oft, genau zu lesen, verrät doch ein erzähltes Schreiben in einem bestimmten Grad immer auch etwas über das Schreiben an sich.

Rodolphes Brief ist ein berechnend verfasstes Machwerk, das durchaus als Pastiche der Hyperbeln romantischer Prägung gelesen werden darf. Für die Handlung ist er insofern wichtig, als er das Ende der Beziehung zwischen Emma und Rodolphe bedeutet. Daneben aber, und darum muss es hier gehen, bietet er Flaubert die Gelegenheit, sich für die Länge einer Seite des Gänsekiels einer seiner Personen zu bedienen. Der Erzähler organisiert das Geschehen dazwischen nur in knapp gehaltenen Interventionen. Und gerade dieses Nebeneinander von Rodolphes romantischen Klischees und dem trockenen, immer leicht ironischen Ton des Erzählers macht dann auch einen Teil des Reizes dieser Stelle aus.

Rodolphes Schreiben wird sorgfältig vorbereitet. Es wird regelrecht in Szene gesetzt. Das dreizehnte, hier betrachtete Kapitel des zweiten Teils beginnt damit, dass Rodolphe, kaum zu Hause angekommen, an seinem Pult, dem Ort, wo das Schreiben stattfindet, Platz nimmt.

> A peine arrivé chez lui, Rodolphe s'assit brusquement à son bureau, sous la tête de cerf faisant trophée contre la muraille. Mais, quand il eut la plume entre les doigts, il ne sut rien trouver, si bien que, s'appuyant sur les deux coudes, il se mit à réfléchir. (MB:474)

So manchem Ehemann sind durch Rodolphe Hörner aufgesetzt worden. Er selbst ist kein Gehörnter, bei ihm, dem Schürzenjäger, hängt das Hirschgeweih als Trophäe an der Wand. Da sitzt er nun, die Feder in der Hand, aber es will ihm so gar nichts Gescheites einfallen, also kramt er aus seinem Schrank die alte Keksdose hervor, in der er seine

Liebesbriefe und andere Erinnerungen an verflossene Geliebte aufbewahrt. Vielleicht helfen ihm ja die Briefe auf die Sprünge, die ihm Emma geschrieben hat. Rodolphe öffnet die Dose und ihr entsteigt „une odeur de poussière humide et de roses flétries". (MB:475)

Nach feuchtem Staub und verwelkten Rosen riechen Rodolphes gesammelte Frauen-Souvenirs. Welcher Art diese Erinnerungen sind, verrät das Adjektiv „humide". Wo es bei Flaubert auftritt, geht es, und davon wird noch zu reden sein, meist auch um Erotik. In ihrer Blüte hat er jedenfalls die Frauen gepflückt, und was von ihnen im Gedächtnis hängen geblieben ist, ist welk geworden, verblasst. Aus seiner Dose steigt nicht der Duft der „roses fanées", die immer noch ihren Charme, ihren Reiz haben können, die Rosen sind „flétries", verblüht im Sinne von wertlos geworden, ja gar entehrt und geschändet schwingt da mit.³

Zuerst fällt ihm ein Taschentuch auf, mit blassen Flecken übersät; Emma hat auf einem Spaziergang die Nase geblutet. Er erinnert sich nicht mehr. Dann eine Miniatur, doch das läppische Portrait hilft ihm auch nicht weiter. In seinem Gedächtnis vermischen sich Emmas reale Züge mit den gemalten, als würden sie sich aneinander reiben und so gegenseitig ausradieren. Also versucht er es mit Briefen. Zuerst mit den neueren, kurzen. Sie geben nichts her. Er sucht die längeren, die von früher, und weil die ganz unten in der Dose liegen, kommt ihm all das Papier und der restliche Kram durcheinander. Er wühlt sich durch Haarlocken unterschiedlicher Farben und Briefe unterschiedlicher Handschriften.

> Ainsi flânant parmi ses souvenirs, il examinait les écritures et le style des lettres, aussi variés que leurs orthographes. Elles étaient tendres ou joviales, facétieuses, mélancoliques; il y en avait qui demandaient de l'amour et d'autres qui demandaient de l'argent. À propos d'un mot, il se rappelait des visages, de certains gestes, un son de voix; quelquefois, pourtant, il ne se rappelait rien. (MB:475)

Er liest also eine Zeile da, eine dort, studiert Schriften und Schreibstile und manchmal ruft ihm ein gelesenes Wort irgend etwas von den Frauen in Erinnerung, manchmal aber auch nichts. Tatsächlich, heisst es weiter, behindern sich die Frauen, die ihm da durch seine Gedanken laufen, gegenseitig, sie werden sich alle ähnlich. Ihre Briefe, so scheint es, sind ihm alle gleich viel oder gleich wenig wert. Es belustigt ihn ein paar Minuten lang, sie als papierenen Wasserfall von der einen Hand in die andere fallen zu lassen. Dann wird ihm auch das langweilig und er legt sie zurück in die Dose. Die Dose verstaut er wieder im Schrank und sagt sich dabei: „« Quel tas de blagues!... »" (MB:475). Einfach nur lächerlich sind die Briefe. Verstaubte Süssigkeiten, die in eine Keksdose und darin im Schrank verstaut gehören. Das ist Rodolphes Meinung. Ein eigenes Bild kann sich der Leser von den Briefen nicht machen. Zu wenig erfährt er über sie, und auch das Wenige dringt erst durch den Filter von Rodolphes Wahrnehmung zu ihm. Rodolphes Meinung ist nun auch das Thema des letzten Abschnitts, bevor er seinen eigenen Brief beginnt.

> « Quel tas de blagues!... »
> Ce qui résumait son opinion; car les plaisirs, comme des écoliers dans la cour d'un collège, avaient tellement piétiné sur son cœur, que rien de vert n'y poussait, et ce qui passait par là, plus étourdi que les enfants, n'y laissait pas même, comme eux, son nom gravé sur la muraille.
> « Allons, se dit-il, commençons! » (MB:475–476)

Sein Herz ist ein festgetrampelter Schulhof, auf dem nichts mehr spriesst, und was auf ihm vorübergeht, hinterlässt nicht einmal seinen Namen auf der Mauer eingraviert. Das muss man wissen, bevor man Rodolphes Zeilen liest.

So klärt dieser letzte Abschnitt vor dem Brief einerseits über Rodolphes Gefühlswelt auf, andererseits führt der Vergleich mit den Schülern, die auf die Mauern kritzeln auch schon implizit den Akt des Schreibens ein, der nun folgt. Das Schreiben ist hier noch ein „graver sur la muraille" – wie bei Hugo, wenn er Claude Frollo sein „'ΑΝΑΓΚΗ" ritzen lässt.

> Tout à coup dom Claude se leva, prit un compas, et grava en silence sur la muraille en lettres capitales ce mot grec:
>
> 'ΑΝΑΓΚΗ (ND:268)

Eine weitere lexikalische Übereinstimmung, nicht mehr und nicht weniger. Aber gerade weil sie mit dem Schreiben zu tun hat, auch ein wichtiger, letzter Wink Flauberts, bevor er Rodolphe seinen Brief verfassen lässt, erzählt er doch in dieser Szene just den Moment nach, der bei Hugo am Anfang von allem steht, den Moment, als Frollo das Wort niederschreibt, aus dem alle übrigen Wörter von *Notre-Dame de Paris* hervorgehen: „c'est sur ce mot qu'on a fait ce livre" (ND:4). Hier geht es um den Urknall, dem das Romanuniversum entspringt, oder, übertragen auf den Schreibprozess, es geht um den Moment, in dem das Schreiben beginnt.

Im Vergleich zwischen Rodolphes Herz und dem Schulhof sind es Schulkinder, die in die Mauern gravieren, also die, die das Schreiben lernen müssen, am Ort, wo sie es lernen. Auch Rodolphe fällt sein Brief nicht leicht. An seinem Pult sitzend, die Feder in der Hand, will die Tinte nicht fliessen; ein Problem, das sich oft stellt, wenn es gilt einen Text zu beginnen, es geht nicht nur Rodolphe so. Sogar grosse Autoren haben damit zu kämpfen, und nicht selten machen sie diese Mühe mit dem Schreiben oder das Schreiben an sich auf die eine oder andere Weise zum Thema ihres Anfangs. Ein solcher Anfang kann dann zum Beispiel, im Fall von *Madame Bovary*, so heissen:

> Nous étions à l'étude, quand le Proviseur entra, suivi d'un *nouveau* habillé en bourgeois et d'un garçon de classe qui portait un grand pupitre. (MB:293)

Da sind sie schon: die Schule, hier ein Aufgabenzimmer, wo gelernt und geschrieben wird, die Schüler, im initialen „Nous", und auch das Schreibpult wird gerade vom Schuldiener hereingetragen. Implizit ist das Schreiben sowohl dann Thema, wenn der Erzähler als auch dann, wenn Rodolphe seinen Text beginnt – und natürlich im ersten Satz des Vorworts zu *Notre-Dame de Paris*, wo einer liest, was ein anderer geschrieben hat.

Wie geht nun aber Rodolphe vor, als ihm sein Brief nicht von der Feder will? – Er liest Briefe, studiert Schriften und Stile, „il examinait les écritures et les styles des lettres" (MB:475), und tatsächlich ermöglicht ihm erst die Auseinandersetzung mit diesen fremden Texten – es sind die Briefe, die er erhalten, nicht die, die er geschrieben hat – seinen eigenen Text zu verfassen. Ob das Gelesene auch einen Einfluss hat auf das, was er schreibt, kann nicht beurteilt werden, zu wenig wird von seinen gesammelten „billets" bekannt. Interessieren soll hier also das Vorgehen an sich: das Lesen als Vorbereitung auf das Schreiben, der fremde Text als Inspirationsquelle für den eigenen. Was bei Rodolphe nicht geht, ist bei Flaubert nämlich zum Glück möglich. Sein Roman kann sehr wohl auf fremde Einflüsse hin untersucht werden, die Spuren, die andere Texte in *Madame Bovary* hinterlassen haben, kann man zurückverfolgen.

Notre-Dame de Paris hat viele und deutliche Spuren hinterlassen. Bereits 1973 hat Jacques Seebacher die Fährte aufgenommen und neben den wenigen klar erkennbaren schon einige subtile, sorgsam verwischte Spuren aufgestöbert. In seinem Vortrag „Chiffres, Dates, Écritures, Inscriptions dans *Madame Bovary*" (Seebacher 1975) beginnt er damit, dass er aufgrund der zahlreichen Daten, die Flauberts Roman enthält, eine Chronologie der Handlung von *Madame Bovary* erstellt.⁴ Und einige wichtige Ereignisse des Romans fallen gemäss seinen Berechnungen auf Daten, die auch ausserhalb der Romanwelt ihre Bedeutung haben. So schluckt zum Beispiel Emma ihr Gift am 23. März 1846, dem Todestag von Caroline Flaubert, der Schwester des Autors, und Rodolphe lässt Emma just am 4. September 1843 sitzen, dem Todestag von Léopoldine Hugo. Und Seebacher ahnt auch schon, in welche Richtung diese Provokation zielen könnte:

> Laisser lire dans *Madame Bovary* je ne sais quelle identité douteuse entre la mort de Léopoldine et le lâchage d'Emma, risquer que le clan des Hugo, y compris Louise Colet, s'indigne de cette offense, ce n'est plus mimer l'inceste avec la sœur, c'est oser l'inceste avec le Père, avec le maître incontesté pour Flaubert de l'écriture romantique, avec la figure même du siècle. (Seebacher 1975:292–293)

Wie Recht Seebacher mit der Behauptung, es gehe Flaubert um den Inzest mit dem Dichtervater, tatsächlich hat, wird sich noch zeigen – hier vorerst mehr zu seinen Datenspielen. Charles erster Schultag und damit der Anfang von *Madame Bovary* fällt gemäss Seebacher ungefähr ins Jahr 1830 und Emmas erster Auftritt im Roman auf den 6. Januar. Ihr Vater hat sich „en revenant de *faire les Rois*" (MB:303) ein Bein gebrochen und sie ist es, die Charles, den man als Arzt gerufen hat, die Tür öffnet. 1830 ist das Erscheinungsjahr von *Notre-Dame de Paris* und dieser Roman beginnt, wie die Geschichte der späteren Madame Bovary, ebenfalls am 6. Januar mit der „Fête des Fous". Ausgehend von diesem gemeinsamen Punkt zieht nun Seebacher seine Verbindungen zwischen den beiden Romanen. Er beginnt mit Flauberts Titel, der sich zwei Mal – *[Ma]dame [Bov]ary* – auf *[Notre-]Dame [de P]aris* reimt. Emmas Windhund trägt den gleichen Namen wie Esmeraldas Ziege, Djali. Auch Esmeralda selbst hat in Flauberts Roman ihren Auftritt. Es ist wiederum Emma, die sie auf einem Bild von Steuben im Wohnzimmer des Notars Guillaumin entdeckt, als sie diesem ihren verzweifelten Bettelbesuch abstattet. Und einmal wird Hugos Roman gar namentlich erwähnt. Emma, heisst es, lässt sich, ihre Kinderliebe beteuernd, zu lyrischen Ergüssen hinreissen, die an die Sachette von *Notre-Dame de Paris* erinnern. Seebacher vermutet Parallelen zwischen Emmas ohnmächtiger Langeweile, wenn sie Charles beim Essen gegenüber sitzt und Esmeralda, die an Phœbus denkt, während Gringoire isst. Der Kathedrale von Paris, so Seebacher, entspreche jene von Rouen, Quasimodos Glocken die Glocke von Amboise, und man könne vielleicht sogar, meint er weiter, in einem Anflug von Vergleichswut, den „aveugle" und die „Truands" vergleichen oder die Klumpfussoperation mit Esmeraldas Folter am „brodequin". Er wirft diese verschiedenen Bezugspunkte, die er in den beiden Romanen entdeckt oder zumindest vermutet, in schneller Folge hin und kommt zum Schluss auf die Ideologie von *Notre-Dame de Paris* zu sprechen, die sich im Kapitel „Ceci tuera cela" verberge, im Sieg des Rationalen, des gedruckten Wortes über den symbolischen Gehalt der Architektur und darauf, wie Homais diesen Triumph in seinen wissenschaftlichen Ausführungen zelebriert (1975:293–294).

Seebacher reisst seine intertextuellen Bezüge bewusst nur kurz an, „signalons à la hâte et en vrac ce qui mériterait toute une étude" (1975:293), und sein Artikel darf durchaus als Aufforderung zu weiteren Nachforschungen verstanden werden. So hat er denn auch den Autor dieser Seiten, nach dem ersten Schrecken darüber, dass da bereits früher einer auf die gleiche Fährte gestossen ist, in seiner Absicht, die gut kaschierten Spuren freizulegen und zu verfolgen, entschieden ermuntert. Was Seebacher entdeckt hat, sind nämlich erst die kleinen Nebenflügel eines riesigen Gebäudes, das Flaubert aus etlichen Anspielungen an Hugos Roman aufgebaut hat. Es gilt nun die bereits entdeckten verborgenen Türen und Kanäle in *Madame Bovary* zu öffnen, neue aufzustöbern und ihnen bis dorthin zu folgen, wo sie in Hugos gotische Kathedrale, sein Monument der romantischen Literatur münden; und natürlich soll in den versteckten Räumen, die sich zwischen den beiden literarischen Bauwerken auftun, nach Flauberts Motiven für dieses verdeckte Verweisen gesucht, der Frage nachgegangen werden, was einen Schriftsteller dazu bewegen mag, an unzähligen Stellen seines Textes, in seinen kryptisch angelegten Hinterhöfen quasi, den Text eines Vorgängers einzuschreiben. Zuerst müssen aber die diversen Zugbrücken, die Flaubert alle sorgsam hochgezogen hat, wieder hinunter gelassen werden und neben den bereits genannten, festen, gut begehbaren Verbindungen, dem Titel *Notre-Dame de Paris*, den Namen Esmeralda, Djali und der Sachette, weitere Durchgänge zu Hugo entdeckt werden.

Der Titel, Esmeralda, Djali und die Sachette, das sind starke Brücken, sie mögen den Verdacht nahe legen, dass Flauberts Schreibvorbereitungen denen nicht unähnlich sind, die wir bei Rodolphe beobachtet haben. Vielleicht darf Rodolphes Lektüre von Briefen bevor er seinen eigenen Brief schreibt, in diesem Sinne durchaus als die Arbeitsweise des Schriftstellers gelesen werden, der zur Vorbereitung seines Romans Romane liest. Womöglich taucht ein Roman eben tatsächlich nicht aus dem Nichts auf. Vielleicht sind es wirklich, wie es der letzte Satz des Vorworts von *Notre-Dame de Paris* sagt, die bereits geschriebenen Wörter, aus denen die neuen entstehen.

Hugos Erzähler findet das Wort „'ΑΝΑΓΚΗ" in der Kathedrale Notre-Dame de Paris, Flaubert findet es im gleichnamigen Roman, oder, um die Tradition des Wortes innerhalb der Sphäre der erzählten Welt zu verfolgen: Aus den „lettres", den Buchstaben, die Frollo in die Mauer graviert, werden die „lettres", die Briefe, die Rodolphe liest. Am Anfang steht das Wort „'ΑΝΑΓΚΗ", am Schluss seine französische Übersetzung „fatalité" und dazwischen die literarische Überlieferung, der Roman, der aus ihm entsteht, die Briefe, die Rodolphe liest und der Brief, den er schreibt, den dann wiederum Charles liest, um daraus das Wort „fatalité" heraus zu destillieren. Aus einem griechischen Wort ist sein französisches Abbild geworden, der Kreis scheint geschlossen. – Wäre da nicht die doppelte

Metamorphose, die Hugos Lettern durchlaufen haben. Da gibt es einerseits die Verwandlung durch die Sprachen zu beobachten, die das Wort, das Frollo schreibt, auf seinem Weg in Rodolphes Brief erfahren hat, andererseits – und das ist hier interessanter – wird es für ganz neue Zwecke verwendet. Wo es Frollo dient, um über unerwiderte Liebe zu klagen, benutzt es Rodolphe, um unerwiderte Liebe los zu werden. In diesem Beispiel zeigt sich verdichtet, was Rodolphe mit all den Wörtern macht, die er zur Inspiration für seinen eigenen Brief in den Briefen früherer Verehrerinnen gelesen hat. Er benutzt sie zu deren Motiven diametral entgegengesetzten Zwecken. Er nimmt die Liebespfeile, die ihm die schmachtende Emma gesendet hat, dankend auf, wendet sie um hundertachzig Grad und schleudert sie als üble Giftpfeile auf sie zurück – und ganz ähnlich geht eben auch Flaubert vor. Was hier stellvertretend durch Rodolphes Schreibvorbereitungen und Schreiben erzählt wird, stellt im übertragenen Sinn durchaus Flauberts eigenen Umgang mit romantischer Literatur dar. So ahnt man schon jetzt, ganz zu Beginn dieser Betrachtungen, dass zwischen den Zeilen von Rodolphes gemeinem Abschiedsbrief an Emma, die Leserin romantischer Romane, ein bitterböser Abschiedsbrief Flauberts an die romantische Literatur durchschimmern könnte. Flauberts Attacken gegen seine literarischen Vorfahren, allen voran gegen ihren grössten Exponenten, Victor Hugo, werden, und darum wird es gegen Ende dieses Buches vor allem gehen, noch um einiges härter ausfallen.

Flauberts frühere, unveröffentlichte Texte sind noch ganz im Ton der Romantik gehalten, und irgendwie erinnern sie immer auch stark an *Notre-Dame de Paris*. Zumindest für einige Passagen aus «*Quidquid volueris*» hat dies Roger Bismut bereits in den Achzigerjahren sehr schön gezeigt. So ist zum Beispiel der Protagonist Djalioh, ein Affenmensch, in Körper und Geist sozusagen das Ebenbild Quasimodos, und sein Name, der schon Djali enthält, belegt auch, dass solche Ähnlichkeit durchaus gewollt ist (Bismut 1987).

Madame Bovary, so sagt man, stellt einen Wendepunkt in der Geschichte des Romans dar. An ihrem Anfang soll, so will es die Legende, Flauberts zweiunddreissig Stunden dauernde Lektüre der *Tentation de saint Antoine* vor Louis Bouilhet und Maxime Du Camp gestanden haben. Gemäss Du Camps Bericht waren die Beiden vom Gehörten nicht gerade begeistert, sie rieten ihrem Freund das Manuskript zu verbrennen und seinen Stil zu ändern. „Pourquoi n'écrirais-tu pas l'histoire de Delaunay?", soll Bouilhet im Verlauf der Diskussion gefragt haben, und Flaubert sei es darauf entfahren: „Quelle idée!" (SL:288–293). So einfach mag eine neue Art zu schreiben entstehen, schwieriger ist es zu benennen, worin denn das Neue besteht. Die Literaturwissenschaft befasst sich in Flauberts Fall schon seit über hundert Jahren mit dieser Frage, und es darf ruhig weiter geforscht werden. Rodolphes Brief und die ihn umgebenden und unterbrechenden Wortmeldungen des Erzählers können aber zumindest einen Eindruck davon geben, was Flaubert wohl nicht mehr schreiben wollte und was er dafür an Alternativen anzubieten hatte. Vielleicht verdankt der neue Stil ja trotzdem gerade dem am meisten, von dem er sich los schreiben will. In diesem Punkt sind nicht nur die Briefe aufschlussreich, die Flaubert seine Romanfiguren schreiben lässt, sondern auch seine eigene Korrespondenz. Immer wieder drückt er darin seine Bewunderung für Victor Hugo und besonders für *Notre-Dame de Paris* aus. So auch in einem Brief an Louise Colet vom 15. Juli, 1853.[5]

> On peut juger de la bonté d'un livre à la vigueur des coups de poing qu'il vous a donnés et à la longueur de temps qu'on est ensuite à en revenir. Aussi, comme les grands maîtres sont excessifs! Ils vont jusqu'à la dernière limite de l'idée. Il s'agit, dans *Pourceaugnac*, de faire prendre un lavement à un homme. Ce n'est pas un lavement qu'on apporte, non! mais toute la salle sera envahie de seringues! Les bonshommes de Michel-Ange ont des câbles plutôt que des muscles. Dans les bacchanales de Rubens on pisse par terre. Voir tout Shakespeare, etc., etc., et le dernier des gens de la famille, ce vieux père Hugo. Quelle belle chose que *Notre-Dame!* J'en ai relu dernièrement trois chapitres, le sac des Truands entre autres. C'est cela qui *est fort!* Je crois que le plus grand caractère du génie est, avant tout, *la force.* Donc ce que je déteste le plus dans les arts, ce qui me crispe, c'est l'*ingénieux*, l'esprit. Quelle différence d'avec le mauvais goût qui, lui, est une bonne qualité dévoyée. Car pour avoir ce qui s'appelle du mauvais goût, il faut avoir de la poésie dans la cervelle. Mais l'esprit, au contraire, est incompatible avec la vraie poésie. Qui a eu plus d'esprit que Voltaire et qui a été moins poète? Or, dans ce charmant pays de France, le public n'admet

la poésie que déguisée. Si on la lui donne toute crue, il rechigne. Il faut donc le traiter comme les chevaux d'Abbas-Pacha auxquels, pour les rendre vigoureux, on sert des boulettes de viande enveloppées de farine. Ça c'est de l'Art! Savoir faire l'enveloppe! N'ayez peur pourtant, offrez de cette farine-là aux lions, aux fortes gueules, ils sauteront dessus à vingt pas au loin, reconnaissant l'odeur.

Je lui ai écrit une lettre monumentale, au Grand Crocodile. Je ne cache pas qu'elle m'a donné du mal (mais je la crois montée, trop, peut-être), si bien que je la sais maintenant par cœur. (CORR II:385–386)

„Ça c'est de l'Art! Savoir faire l'enveloppe!" – Im Verpacken ist auch Flaubert ein Meister, nicht nur, wenn es um Poesie geht. Wie kaum ein anderer versteht er es auch, seine verdeckten Bezüge zu fremden Texten mit Mehl zu bestreuen, und achtet trotzdem sorgsam darauf, dass das darunter verborgene Fleisch immer noch leicht durchschimmert.

Das „Grand Crocodile", dem Flaubert seine „lettre monumentale"[6] geschrieben hat, ist Victor Hugo. Nun ist das keine Entdeckung, Flaubert nennt ihn in seinen Briefen oft so. Interessant wird es aber, wenn das Krokodil in der Korrespondenz an einer Stelle auftaucht, wo Hugo auf den ersten Blick nichts zu suchen hat. Eine Woche nach dem eben erwähnten Brief, am 22. Juli, 1853, schreibt Flaubert erneut an Louise Colet. Thema dieses Briefes ist ein Satz, den er in *Madame Bovary* einen Präfekten in seiner Rede auf den „Comices agricoles" sagen lässt und den er später wortwörtlich im Zitat der Rede eines Bürgermeisters im *Journal de Rouen* wieder findet. Seinen Stolz, den Wortlaut des fiktiven Präfekten derart echt getroffen zu haben, dass er im Nachhinein durch den realen Bürgermeister bestätigt wird, verhehlt Flaubert keineswegs. – Und dann taucht das Krokodil auf.

> Non seulement c'était la même idée, les mêmes mots, mais les mêmes *assonances* de style. Je ne cache pas que ce sont de ces choses qui me font plaisir. – Quand la littérature arrive à la précision de résultat d'une science exacte, c'est roide. – Je t'apporterai, du reste, ce discours gouvernemental et tu verras si je m'entends à faire de l'administratif et du Crocodile. (CORR II:387–388)

Sollen wir „faire de l'administratif" als ein Schreiben im Stil politischer Reden verstehen, dann kann „faire du Crocodile" nur heissen, Hugos Ideen, Wörter und Stilassonanzen in den Text einfliessen zu lassen. – Für den, der in Flauberts Werk nach Verborgenem sucht, ein Hinweis, dass sich unter dem Mehl wahre Leckerbissen verstecken könnten.

Manchmal liegt das Mehl allerdings meterhoch wie der Schnee im Lawinenkegel und es ist nicht einmal bekannt, wonach überhaupt gesucht werden soll. Wer sucht, ist dann auf die Signale angewiesen, die das Verborgene, zwischen den Wörtern Verschüttete an die Textoberfläche sendet. Das Wort „fatalité" ist ein solches Signal, der Ton, dem man folgen soll. Und die Topographie des Textes kommt insofern zu Hilfe, als der Signalton an einer markanten Stelle, zum Schluss des Romans, in Charles letztem Wort, empfangen wird. Es markiert den Ort, wo die Sondierstange auf Widerstand stösst – setzen wir sie nun auf der gegenüberliegenden Seite des Hangs, ganz zu Beginn des Romans, auf Charles ersten Silben an.

Was bedenkt fatalité den Romanhelden?

2.
Der Glöckner in Charles' Kappe

Der Ochse und der Lehrer. Eine Fabel in der Schulstunde. Flauberts kastrierter Stier und Hugos gehörnter Ehemann. Charles läutet die Glocken. Der Glöckner in Charles' Kappe.

Der Roman ist etwa zwei Seiten alt, als Charles das erste Mal spricht. Zuvor wird berichtet, wie er an seinem ersten Schultag ein Arbeitszimmer des Collège von Rouen betritt. Die Klasse sitzt bereits in der Aufgabenstunde und mustert den neuen Schüler, der ziemlich verloren im Winkel hinter der Tür stehen bleibt. Er ist ein bäurischer Junge von etwa fünfzehn Jahren, grösser als die anderen und macht in seiner von Hosenträgern hoch gerissenen Hose und seinen schlecht gewichsten Schuhen einen ziemlich lächerlichen Eindruck. Charles ist kein Beau, soviel ist nach der ersten Seite klar, und dass er auch nicht der Hellste ist, verraten die darauf folgenden Zeilen. Zwar hört er aufmerksam zu, wenn die Schüler ihre Lektionen aufsagen, aber wenn es läutet, braucht es zuerst die Aufforderung des Aufsehers, damit auch er sich in die Reihe stellt.

Kurz darauf, beim Betreten des Klassenzimmers, schleudern die Schüler ihre Mützen schon von der Schwelle aus unter die Bank, so dass sie gegen die Wand klatschen und kräftig stauben. Charles, vielleicht hat er die Spielregeln nicht begriffen, vielleicht getraut er sich nicht es den andern gleich zu tun, behält seine Mütze auf dem Schoss. Um sie, ein groteskes, hässliches Ding, geht es dann eine halbe Seite lang – bis der Lehrer den Neuen auffordert, seinen Namen zu nennen.[7]

«Levez-vous, reprit le professeur, et dites-moi votre nom.»
Le *nouveau* articula, d'une voix bredouillante, un nom inintelligible.
«Répétez!»

Le même bredouillement de syllabes se fit entendre couvert par les huées de la classe.

« Plus haut! cria le maître, plus haut! »

Le *nouveau*, prenant alors une résolution extrême, ouvrit une bouche démesurée et lança à pleins poumons, comme pour appeler quelqu'un, ce mot: *Charbovari.*

Ce fut un vacarme qui s'élança d'un bond, monta en *crescendo*, avec des éclats de voix aigus (on hurlait, on aboyait, on trépignait, on répétait: *Charbovari! Charbovari!*), puis qui roula en notes isolées, se calmant à grand'peine, et parfois qui reprenait tout à coup sur la ligne d'un banc où saillissait encore çà et là, comme un pétard mal éteint, quelque rire étouffé. (MB:294–295)

Wenn es gut tun kann, sich seine Wut von der Seele zu schreien, so liegt die Tragik der Eröffnungsszene von *Madame Bovary* darin, dass das Wort, welches Charles herauspresst, sein eigener Name ist. Seinen Namen kann man sich nicht von der Seele schreien, den behält man ein Leben lang, und wem er, wie bei Charles Bovary der Fall, zur Last wird, der hat es schwer.

Der Name Bovary ist das berühmteste Beispiel für Flauberts Onomastik überhaupt. Es gibt kaum einen Artikel zu *Madame Bovary*, der nicht auf ihn zu sprechen kommt, und dies mit gutem Grund, setzt Flaubert doch in ihm den Grundstein für ein ganzes Gebäude aus Wort- und Sinnspielen, das er im Verlauf des Romans über Charles' Person aufbaut.[8]

Der Finger legt sich auf die erste Silbe „bov", den lateinischen Stamm von bos, bovis, was zu Deutsch Rind oder Ochse heisst, und Charles ähnelt tatsächlich den schwerfälligen und etwas verschlafenen Bovinen, gutmütig wie ein Rind und geduldig wie ein kastrierter Stier lässt er die Ungerechtigkeiten des Lebens über sich ergehen und leidet dennoch fast den ganzen Roman lang darunter, dass er seine Ehefrau Emma nicht glücklich machen kann. Der Ochse ist ihr einfach nicht männlich genug. – Doch man darf weiter gehen: Enthält der Name Bovary das Rind oder den Ochsen, so enthält „le *nouveau*", wie Charles genannt wird, bevor wir seinen Namen kennen, einen weiteren Verweis auf die Familie der Rindviecher, das Wort „veau", das Kalb; und in seinem Vornamen Charles klingt „char", der Wagen, mit. Da nun der arme Tropf bei seinem Ausruf „*Charbovari*" das finale

„l" seines Vornamens verschluckt, wird in seinem vollen Namen der Wagen wortwörtlich vor den Ochsen gespannt und der Namensträger brandmarkt sich in dieser kleinen Szene gleich selbst als Rindvieh.

So verrät „*Charbovari*" einerseits schon einiges über Charles, andererseits nimmt es durch seinen Klang schon den „charivari" vorweg, den es im Klassenzimmer verursacht. Tatsächlich benutzt Flaubert dann auch das Vokabular der (Katzen-)Musik, um die Klasse lärmen zu lassen, und im Text tauchen Ausdrücke auf wie „*crescendo*", „voix" oder „notes".

Nur eine kleine Szene ist es, die hier während der Schulstunde im erbärmlichen Schrei „*Charbovari*" zu ihrem Höhepunkt kommt, und doch enthält sie so allerhand literarische Finessen. In ihr weckt Flaubert zum ersten Mal, er wird es im Verlauf des Romans immer wieder tun, Assoziationen zur Tierwelt; – Tierwelt und Literatur: Müsste ein Schüler des Collège von Rouen daraus die Schnittmenge bilden, sie würde wohl La Fontaine heissen. Seine Tierfabeln stehen am Anfang jeder schulischen Einführung in die Literatur und eine davon lernt jedes Kind, zumindest jedes französische, auch heute noch auswendig: *Le Corbeau et le Renard*. Zur Erinnerung hier ihr voller Wortlaut.

Maître Corbeau, sur un arbre perché,
Tenait en son bec un fromage.
Maître Renard, par l'odeur alléché,
Lui tint à peu près ce langage:
Et bonjour, Monsieur du Corbeau.
Que vous êtes joli! que vous me semblez beau!
Sans mentir, si votre ramage
Se rapporte à votre plumage,
Vous êtes le Phénix des hôtes de ces bois.
À ces mots le Corbeau ne se sent pas de joie,
Et pour montrer sa belle voix,
Il ouvre un large bec, laisse tomber sa proie.
Le Renard s'en saisit, et dit: Mon bon Monsieur,
Apprenez que tout flatteur
Vit aux dépens de celui qui l'écoute.
Cette leçon vaut bien un fromage sans doute.
Le Corbeau honteux et confus
Jura, mais un peu tard, qu'on ne l'y prendrait plus. (FAB:32)

Diese vielleicht berühmteste Fabel von La Fontaine hat Flaubert in seine Eröffnungsszene im Schulzimmer in Rouen eingebaut. Es ist die Bezeichnung des Lehrers, die Aufhorchen lässt. Er wird auf den ersten Seiten konstant, sechsmal, „le professeur" genannt – mit einer einzigen Ausnahme. Als er den „*nouveau*" auffordert, lauter zu sprechen, heisst er plötzlich „le maître": „Plus haut! cria le maître, plus haut!", und ein „maître" ist eben auch La Fontaines „maître Renard", der den „Corbeau" auffordert zu singen, den „Corbeau", der von seinem Klang her stark an den „*nouveau*" erinnert. Während der Rabe darauf einen grossen Schnabel öffnet, „il ouvre un large bec", öffnet Charles einen übergrossen Mund, „[il] ouvrit une bouche démesurée" und der Fuchs stürzt sich spottend auf den Käse, der dem Rabenschnabel entfällt, wie sich die Klasse bellend, „on aboyait", über das Wort hermacht, das das Ochsenmaul hervorstösst. Dem hässlichen Raben ähnlich, der den schmeichelnden Worten des Fuchses Glauben schenkt, ist auch der Neue kein „Phénix". In seiner zu engen Jacke, der kneifenden Hose, den schlecht gewichsten Schuhen, mit seiner abscheulichen Kappe und der unsicheren Stimme, „une voix bredouillante", kann er es weder in „plumage", noch in „ramage" mit dem prächtigen Vogel aufnehmen, und Charles Bovary, der träge Ochse, bekommt hier im Verdeckten die unglückliche Rolle des hässlichen und tumben Raben zugeschrieben. – Was sich da in Flauberts Wortwahl andeutet, wird durch einen intertextuellen Vergleich bestätigt.

Es ist wiederholt erwähnt worden, dass Flauberts Eröffnungsszene starke Ähnlichkeiten aufweist mit einer Passage aus Maxime Du Camps *Livre posthume*.[9] Auch bei ihm betritt ein neuer Schüler die Klasse und provoziert, als er seinen Namen nennt, einen gehörigen Tumult unter den Schülern, und auch bei ihm schliesst die Szene mit einem Verweis des Lehrers, der zur Strafe einen Satz abschreiben lässt. Bei Du Camp tönt das so:

> Comme j'étais perdu dans mes réflexions, de grands cris se firent entendre et je levai la tête. Par la porte de la cour, un enfant venait d'entrer [...]
> - Comment t'appelles tu? disait-on au nouveau venu.
> - Je m'appelle Ajax, répondit-il. Un immense éclat de rire accueillit ce nom qui semblait singulier.

- De quel pays es-tu?
- De Chypre!
Les hourras recommencèrent [...] A ces mots, la rumeur devient immense [...] on lui jeta son fez par terre [...] Un pion accourut, sépara les combattants et me tint à peu près ce langage: «vous paraissez avoir des habitudes turbulentes, Monsieur, mais je ne vous permettrai pas de tyranniser vos camarades. Vous serez en retenue demain et vous me copierez dix fois le verbe: «J'ai-tort-de-vouloir-faire-le-fier-à-bras.» Ça vous apprendra à vous tenir tranquille.» (LP:33–34)

Die Frage, wer bei wem, ob Flaubert bei Du Camp oder Du Camp bei Flaubert gelesen hat, oder ob der eine den anderen durch eine mündliche Erzählung inspiriert haben könnte, soll hier nicht interessieren.[10] Eine definitive Antwort darauf lässt sich auch kaum finden. Der erste Teil von Du Camps *Livre posthume* erscheint im Dezember 1852 in der *Revue de Paris* und dann hat Flaubert seine Eröffnungsszene bereits geschrieben. Was hier interessiert, hat nur mit La Fontaines Fabel zu tun. Auch Du Camp nimmt nämlich auf sie Bezug, er zitiert sogar einen ganzen Vers daraus: „[Lui] tint à peu près ce langage". Mit diesem Vers, den Du Camp aus der gemeinsamen – und wortwörtlichen – Quelle La Fontaine geschöpft hat, kann nun einerseits im Nachhinein Gothot-Merschs Annahme, die beiden Schulszenen seien in engem Zusammenhang zu sehen (1971:452), gestützt werden, anderseits belegt er aber auch, dass die Verbindung zwischen La Fontaines Fabel und den zwei Zwillingsszenen unter den Freunden Flaubert und Du Camp auf die eine oder andere Weise Thema gewesen sein muss, ist doch kaum anzunehmen, dass sie beide unabhängig von einander den Bogen zu der Fabel gespannt haben – und das wiederum verleiht der gerade eben bei Flaubert entdeckten, versteckt eingebauten Fabel grösseres Gewicht. Es zeigt, dass er schon ganz zu Beginn seines Romans bewusst Verbindungen zu La Fontaine und zur Tierwelt knüpft – und warum er das tut, wird uns noch stark zu beschäftigen haben.

Doch das ist nur ein Aspekt dieser Stelle, sie enthält noch viel mehr. Bereits in ihr legt Flaubert nämlich seine erste literarische Brücke zu *Notre-Dame de Paris*, und *Charbovari* dient ihm dabei als Brückenkopf auf der Seite seines eigenen Romans. Auf der anderen Seite der Brücke, bei Hugo, steht ebenfalls ein kurios klingender

Name. Auch dieser lässt an ein Tier denken, und auch hier sind es „écoliers", die diesen Namen verspotten. – Wir betreten die Eröffnungsszene von *Notre-Dame de Paris*.

Am 6. Januar 1482 drängt sich das Volk im grossen Saal des Palais de Justice, um dem Mysterienspiel und danach der Wahl des Narrenpapstes beizuwohnen. Doch das Spiel will und will nicht beginnen, bis die Zuschauer langsam ungeduldig werden. Sie reklamieren und beschimpfen sich gegenseitig, unter ihnen auch ein gewisser „maître Lecornu" – und sein Name spornt nun die Schüler zu Wortspielereien an.

> - Bravement parlé, sire Gilles Lecornu, maître pelletier-fourreur des robes du roi!» cria le petit écolier cramponné au chapiteau.
> Un éclat de rire de tous les écoliers accueillit le nom malencontreux du pauvre pelletier-fourreur des robes du roi.
> «Lecornu! Gilles Lecornu! disaient les uns.
> - *Cornutus et hirsutus*, reprenait un autre. (ND:17)

Wie der Hornochse Bovary trägt also auch der gehörnte Lecornu den Ehebruch seiner Frau gleichsam im Namen und wie dieser muss er, sein Vorname Gilles sagt es, als dummer August, den Spott der „écoliers" ertragen, die im Saal einen gehörigen Tumult veranstalten. „*Charbovari! Charbovari!*", schreien die einen, „Lecornu! Gilles Lecornu!", die andern. Wenn Hugo dieses „charivari" – das Wort fällt in den ersten drei Kapiteln seines Romans zweimal[11] – beschreibt, glaubt man dann auch schon das Brüllen, Bellen und Stampfen der Schüler im Collège von Rouen zu hören. – Wer das Gehörnt-sein im Namen trägt, braucht eben für den Spott nicht zu sorgen.

Die Brücke ist gelegt, und je genauer man nun die Textlandschaft beidseits der Brücke betrachtet, desto klarer wird, wie stark Hugos Präsenz zu Beginn von *Madame Bovary* tatsächlich gewirkt hat. So baut Flaubert etliche Elemente aus Hugos Eröffnungsszene in kondensierter Form in die ersten Seiten seines Romans ein. Und eine Stelle verdient dabei ganz besondere Aufmerksamkeit: Die Beschreibung von Charles „casquette".

Ganz zu Beginn bleibt Charles, er ist kaum eingetreten, im Winkel hinter der Schulzimmertür stehen, und der Blick des Erzählers schweift von seinen Haaren über den Körper zu seinen Füssen hinab, ohne aber auch nur mit einem einzigen Wort beim Gesicht zu verweilen. Immer noch gesichtslos nimmt Charles später im Klassenzimmer Platz und nach einem Abschnitt über die Gewohnheit der Schüler, ihre Kappen schon von der Schwelle aus unter die Schulbank zu werfen, es war eben so üblich, „c'était là le *genre*" (MB:294), konzentriert sich der Text schliesslich auf das armselige Ding, das da, am falschen Ort, ausserhalb des „genre", auf Charles Knien liegt. In der nun folgenden Beschreibung wird zuerst einmal die stumme Hässlichkeit des Kopfputzes mit dem Gesicht eines Schwachsinnigen verglichen.

> C'était une de ces coiffures d'ordre composite [...], une de ces pauvres choses, enfin, dont la laideur muette a des profondeurs d'expression comme le visage d'un imbécile. (MB:294)

Hässlich wie das Gesicht eines Schwachsinnigen ist die Kappe, und da Charles Züge bisher noch nicht beschrieben wurden, mag der Verdacht nahe liegen, dass die Beschreibung der Kappe hier für eine Beschreibung von Charles stehen könnte. Doch so hässlich wie das üble Ding, das er auf seinen Knien hält, wird sein Gesicht wohl kaum sein; so hässlich wie die schreckliche Mütze ist überhaupt nur eine einzige Figur in der französischen Literatur – Quasimodo. Zu ihm, und das ist nun eine Behauptung, soll Charles assoziiert werden. Die Behauptung kann begründet werden.

Zum einen bringt ein Vergleich der beiden Stellen, in denen bei Flaubert die Kappe und bei Hugo Quasimodos Gesicht beschrieben werden, verblüffende Parallelen zu Tage, zum anderen scheint Flaubert auch sonst daran gelegen, dass wir den armen Halbwüchsigen, dem er auf den ersten Seiten seines Romans so übel zusetzt, als im Leid Verwandten des bemitleidenswerten Glöckners sehen. So lässt er nur zwei Seiten nach der Kappenbeschreibung Charles genau wie Quasimodo die Glocken läuten, und bedient sich dabei erst noch der Sprache Hugos. Darum diese Stelle vorweg.

> [...] aux grandes fêtes, [Charles] suppliait le bedeau de lui laisser sonner les cloches, pour se pendre de tout son corps à la grande corde et se sentir emporter par elle dans sa volée. (MB:297–298)

Victor Hugo lässt Quasimodo mehrmals am Seil der grossen Glocke durch die Luft fliegen, aber nur einmal gönnt er sich das Vergnügen, über die Länge von zwei Seiten in allen Details auszumalen, was passiert, wenn der Archidiakon ihm an einem hohen Festtag das Zeichen gibt, mit dem Geläut zu beginnen. Dann hängt sich Quasimodo zwar nicht wie Charles an das grosse Seil, „la grande corde", sondern springt direkt auf die grosse Glocke, „la grande cloche", auf. Wie Charles tut er dies aber ebenfalls mit seinem ganzen Gewicht, „de tout le poids de son corps", und der Schlussakzent liegt bei Hugo wie bei Flaubert auf dem letzten Wort „volée".

> Alors, suspendu sur l'abîme, lancé dans le balancement formidable de la cloche, il saisissait le monstre d'airain aux oreillettes, l'étreignait de ses deux genoux, l'éperonnait de ses deux talons, et redoublait de tout le choc et de tout le poids de son corps la furie de la volée. (ND:153)

Quasimodo, der Glöckner von Notre-Dame, gilt wohl heute wie vor hundertfünfzig Jahren als Inbegriff der absurden, grotesken Hässlichkeit, und Hugos ausschweifende Beschreibungen des missgebildeten Glöckners sind manchem Leser noch derart präsent, dass eine Betrachtung der hässlichen Kappe – wird sie nur richtig in Szene gesetzt – in seinem literarischen Gedächtnis die gespeicherten Bilder auftauchen lässt, die Hugo darin gemalt hat. Allerdings schreibt Flaubert die Züge der hässlichen Glöcknerfratze gleichsam kryptisch in seine Kappenbeschreibung ein, so dass die Parallelen zwischen den zwei armen Teufeln wohl nur im Unterbewusstsein des Lesers gezogen werden. Sehen wir uns die beiden, Quasimodo und Charles Kappe, etwas genauer an. Hier zuerst die „casquette":[12]

> C'était une de ces coiffures d'ordre composite, où l'on retrouve les éléments du bonnet à poil, du chapska, du chapeau rond, de la casquette de loutre et du bonnet de coton, une de ces pauvres choses, enfin, dont la laideur muette a des profondeurs d'expression comme le visage d'un imbécile. Ovoïde et renflée de baleines, elle commençait par trois boudins circulaires; puis s'alternaient, séparés par une bande rouge, des losanges de velours et de poils de lapin; venait ensuite une façon de sac qui se terminait par un polygone cartonné, couvert d'une broderie en soutache compliquée, et d'où pendait, au bout d'un long

cordon trop mince, un petit croisillon de fils d'or, en manière de gland.
Elle était neuve; la visière brillait. (MB:294)

Die „casquette" ist tatsächlich ein übles Ding. Behalten wir sie in Gedanken präsent, wenn wir uns nun langsam Quasimodos Gesicht nähern.

Seinen ersten Auftritt in *Notre-Dame de Paris* hat Quasimodo, als man im grossen Saal des Palais de Justice beschliesst, die Wahl des Narrenpapstes vorzunehmen. Es gewinnt, wer für seine Grimasse den grössten Applaus erhält. Schnell werden zwei Tonnen aufeinander gestapelt, auf die die Teilnehmer steigen müssen, um ihren Kopf durch die Lücke in einer zu Bruch gegangenen Fensterrosette zu präsentieren. Das Fratzenschneiden kann beginnen. Im Text erscheinen nun die verschiedenen Grimassen nicht eine nach der andern, sondern in ihre Elemente zerlegt, als Gemisch aller möglichen Hässlichkeiten, wie ein „kaléidoscope humain".

> Qu'on se figure une série de visages présentant successivement toutes les formes géométriques, depuis le triangle jusqu'au trapèze, depuis le cône jusqu'au polyèdre; toutes les expressions humaines, depuis la colère jusqu'à la luxure; tous les âges, depuis les rides du nouveauné jusqu'aux rides de la vieille moribonde; toutes les fantasmagories religieuses, depuis Faune jusqu'à Belzébuth; tous les profils animaux, depuis la gueule jusqu'au bec, depuis la hure jusqu'au museau. Qu'on se représente tous les mascarons du Pont-Neuf, ces cauchemars pétrifiés sous la main de Germain Pilon, prenant vie et souffle, et venant tour à tour vous regarder en face avec des yeux ardents; tous les masques du carnaval de Venise se succédant à votre lorgnette; en un mot, un kaléidoscope humain. (ND:48–49)

Bevor Quasimodo überhaupt ein erstes Mal aufgetreten ist, wird hier bereits das Wortmaterial eingeführt, das Flaubert später benutzt, um in Charles Kappe Quasimodos Gesicht auferstehen zu lassen. Wie in der Kappe, in der sich die Elemente des „bonnet à poil", des „chapska", des „chapeau rond", der „casquette de loutre" und des „bonnet de coton" vereinen, finden sich hier die Elemente aller möglichen Gesichter. Trifft man bei Hugo auf „toutes les formes géométriques, depuis le triangle jusqu'au trapèze, depuis le cône jusqu'au polyèdre", so enthält die Kappenbeschreibung die unterschiedlichen Formen „ovoïde", „circulaires", „losanges", „polygone" und „croisillon". Auch in der Tierwelt haben beide Autoren gewildert. Hugo zeigt „tous les profils animaux, depuis la gueule jusqu'au bec, depuis la hure jusqu'au museau", während man bei Flaubert auf das grösste Tier überhaupt, den Wal, „baleines" – hier in seiner Bedeutung von Fischbein – und auf ein ganz kleines, den Hasen, in „poils de lapin", trifft, sowie auf den Fischotter, in „casquette de loutre", diese seltsame Kreuzung der beiden andern, die sowohl im Wasser als auch auf dem Land daheim ist.

Charles Kappe ist „une de ces coiffures d'ordre composite". Sie gehört also verschiedenen Stilen an. Wie die Kompositordnung der römischen Architektur, bei der das Kapitell die Akanthusblätter der korinthischen mit den Voluten der ionischen Ordnung verbindet, vereint sie die Elemente verschiedener Kopfbedeckungen in einer einzigen Kappe. Die Architektur des Mittelalters wiederum zeigt am Säulenkopf zwar kein Gemisch aus Akanthusblättern und Voluten, aber ein Gemisch aus Tier, Mensch und Fabelwesen – und wie diese in Stein gehauenen Ungeheuer an den Kapitellen, Schlusssteinen und Wasserspeiern der Notre-Dame muss man sich das lebendige Monster Quasimodo vorstellen[13].

> [Les] innombrables sculptures de diables et de dragons prenaient un aspect lugubre. La clarté inquiète de la flamme les faisait remuer à l'œil. Il y avait des guivres qui avaient l'air de rire, des gargouilles qu'on croyait entendre japper, des salamandres qui soufflaient dans le feu, des tarasques qui éternuaient dans la fumée. Et parmi ces monstres ainsi réveillés de leur sommeil de pierre par cette flamme, par ce bruit, il y en avait un qui marchait et qu'on voyait de temps en temps passer sur le front ardent du bûcher comme une chauve-souris devant une chandelle. (ND:417)

Quasimodo, das Monster zwischen seinen steinernen Verwandten, den durch Feuer und Lärm zum Leben erweckten Teufeln, Drachen, Schlangen, Salamandern und Fabeltieren, gleicht hier einer Fledermaus, die vor einer Kerze hin und her flattert. Wie die Fledermaus, ungefähr Vogel, ungefähr Maus, keines von beidem, aber von beidem ein Bisschen, ist auch er nur ungefähr ein Mensch, aber genauso ungefähr ein Tier oder eine Sache, und am ehesten von allem etwas.[14]

So heisst sein Name in der Uebersetzung auch nichts anderes als *Ungefähr*.

Il [Claude Frollo] baptisa son enfant adoptif, et le nomma *Quasimodo*, soit qu'il voulût marquer par là le jour où il l'avait trouvé, soit qu'il voulût caractériser par ce nom à quel point la pauvre petite créature était incomplète et à peine ébauchée. En effet, Quasimodo, borgne, bossu, cagneux, n'était guère qu'un *à peu près*. (ND:147)

Besonders deutlich wird das Unbestimmte, Ungefähre an Quasimodo, schaut man sich die Ausdrücke an, die im Text erscheinen, um das Findelkind zu bezeichnen, das sechzehn Jahre vor Beginn der Geschichte, am Tage des Quasimodo auf die Bettstätte in der Notre-Dame gelegt, von den Messebesuchern entdeckt wird. Neugierig scharen sich die Menschen um das seltsame Geschöpf, das da vor ihnen auf den Brettern liegt, ohne sich aber wirklich klar zu werden, was es denn genau sein könnte. Ihre Unsicherheit widerspiegelt sich nicht zuletzt in den Worten des Erzählers.[15] Für ihn ist es zuerst „une créature vivante", etwas weiter „l'espèce d'être vivant" und dann „la petite créature". Auf die Frage einer Gafferin: „Qu'est-ce que c'est que cela?", sind sich die Umstehenden zumindest darin einig, dass es sich unmöglich um ein Kind handeln kann: „Ce n'est pas un enfant", und ihre Vermutungen zur Identität dieses „soi-disant enfant trouvé", dieses „vrai monstre d'abomination" gehen von „un singe manqué" über „une bête", „un animal", „le produit d'un juif avec une truie" bis zu „quelque chose [...] qui n'est pas chrétien et qu'il faut jeter à l'eau ou au feu". Im Folgenden wird das arme Geschöpf zweimal „ce petit monstre" genannt. Der Erzähler übernimmt diese Bezeichnung, wenn auch in Anführungszeichen, nur um es zwei Zeilen weiter wieder auf etwas nicht Lebendiges, eine Masse, zu reduzieren: „une petite masse fort anguleuse et fort remuante". Schliesslich finden sich auf Seiten des Erzählers noch „la malheureuse créature" und „l'objet", auf Seiten der Betrachter „ce prétendu enfant trouvé" und „ce petit magicien-là", bis endlich Claude Frollo auftritt, um das Ding vor dem drohenden Scheiterhaufen zu retten und ihm gleichzeitig durch sein Wort den Status des menschlichen Wesens zurückzugeben: „J'adopte cet enfant, dit le prêtre". Sowohl den Messebesuchern als auch dem Erzähler ist es unmöglich, das, was sie da vor sich haben mit dem treffenden Begriff zu benennen. Irgendwie ist es ein Mensch, irgendwie aber auch ein Tier, vielleicht aber auch ein Gemisch von beidem, man weiss es ganz einfach nicht. Ein undefinierbares Ding halt.

Schwer zu definieren ist auch Charles Kappe. Im Text heisst sie zuerst „sa casquette", wird jedoch bei näherer Betrachtung zu „une de ces coiffures d'ordre composite". Plötzlich ist nicht mehr so sicher, ob es sich tatsächlich um eine „casquette" handelt, enthält sie doch, wie wir bereits gesehen haben, auch Elemente etlicher anderer Kopfbedeckungen. Es ist der Ausdruck „coiffure", der Oberbegriff zu „casquette", der es dem Erzähler erlaubt, diesbezüglich ungenau zu werden – und sogar der ist ihm noch zu präzis. Wenige Zeilen weiter, noch im gleichen Satz, heisst es darum „une de ces pauvres choses". Was ein Hinweis auf die Funktion dieses Gegenstands sein könnte, ist aus seiner Bezeichnung verschwunden, und Charles Kappe ist über die Zwischenstation „Kopfbedeckung" zu einer nutzlosen Sache, einem armseligen Ding verkommen. Je genauer man sie betrachtet, desto weniger kann man sich entscheiden, was es denn sein soll, das zeigt diese Begriffsverwirrung. Zu allem Überfluss nennt der Lehrer, ein Witzbold, diese Missgeburt von einer Kappe auch noch „casque", bringt damit eine weitere Kopfbedeckung ins Spiel – und hat natürlich die Lacher in der Klasse auf seiner Seite.

Die „casquette" ist ein lächerliches Ding, genauso lächerlich wie ihr Besitzer, der zur Strafe gleich zwanzig mal *„ridiculus sum"* abschreiben muss. Doch nicht nur ihre Lächerlichkeit verbindet Charles und seine Kappe, wie nahe sie zusammen gehören, widerspiegelt sich auch in ihrer Benennung: ob „une de ces pauvres choses", wie die Kappe in der Beschreibung heisst, oder „le pauvre garçon" und „le pauvre diable", wie Charles kurz nach dieser genannt wird, in allen drei Ausdrücken findet sich das Adjektiv „pauvre" – armselig ist Charles, der Narr, und genauso armselig ist seine (Narren-) Kappe.

Nach der Wahl zum Narrenpapst und der Beschreibung seiner Grimasse heisst auch Quasimodo „le pauvre diable", und ein armer Teufel ist er wahrhaftig, ist doch, wie sich herausstellt, das, was zuerst für eine Grimasse gehalten wird, in Tat und Wahrheit sein Gesicht. Wir kommen zur ersten richtigen Beschreibung des Glöckners:

C'était une merveilleuse grimace, en effet, que celle qui rayonnait en ce moment au trou de la rosace. Après toutes les figures pentagones, hexagones et hétéroclites qui s'étaient succédé à cette lucarne sans réaliser cet idéal du grotesque qui s'était construit dans les imaginations exaltées par l'orgie, il ne fallait rien moins, pour enlever les suffrages, que la grimace sublime qui venait d'éblouir l'assemblée. Maître Coppenole lui-même applaudit; et Clopin Trouillefou, qui avait concouru, et Dieu sait quelle intensité de laideur son visage pouvait atteindre, s'avoua vaincu. Nous ferons de même. Nous n'essaierons pas de donner au lecteur une idée de ce nez tétraèdre, de cette bouche en fer à cheval, de ce petit œil gauche obstrué d'un sourcil roux en broussailles tandis que l'œil droit disparaissait entièrement sous une énorme verrue, de ces dents désordonnées, ébréchées çà et là, comme les créneaux d'une forteresse, de cette lèvre calleuse sur laquelle une de ces dents empiétait comme la défense d'un éléphant, de ce menton fourchu, et surtout de la physionomie répandue sur tout cela, de ce mélange de malice, d'étonnement et de tristesse. Qu'on rêve, si l'on peut, cet ensemble. (ND:51)

Endet die Beschreibung der sich in der Fensterluke folgenden Grimassen noch im Vergleich mit einem Kaleidoskop, „[...] en un mot, un kaléidoscope humain.", so wird Quasimodos Grimasse ganz zum Schluss zu „cet ensemble". Und die beiden Ausdrücke „kaléidoscope" und „ensemble" zeigen dann auch bereits in verdichteter Form Hugos Beschreibungstrick, der Quasimodo als eigentlich ganz und gar unbeschreibliches Monster erscheinen lassen soll.

Im Kaleidoskop wird eine kleine Anzahl unregelmässig liegender, bunter Glasstückchen durch Spiegelung vervielfacht und zu regelmässigen, bei Bewegung sich ändernden Mustern angeordnet. Die unzähligen Möglichkeiten, wie die Glasstückchen im Kaleidoskop zu liegen kommen können, erlauben also eine unendlich grosse Anzahl verschiedener Bilder, die der Betrachter nacheinander, wie die Fratzen in der Luke, sehen kann — und darauf zielt Hugos Vergleich ab. Das „kaléidoscope humain" zeigt alle überhaupt möglichen Gesichter, bewegt man es, so bekommt man alle nur erdenklichen Formen zu sehen — oder eben in der Luke: „toutes les formes géométriques", „toutes les expressions humaines", „tous les âges", „toutes les fantasmagories religieuses", „tous les profils animaux", „tous les mascarons du Pont-Neuf" und „tous les masques du carnaval de Venise".

Eingeführt wird das Kaleidoskop-Motiv schon ganz zu Beginn des Kapitels. Die Konkurrenten haben ihren Kopf durch die runde, steinumrandete Lücke zu strecken, die durch den Bruch einer Glasscheibe in einer Fensterrose entstanden ist. So ersetzen die verschiedeneckigen Köpfe die verschiedeneckigen und verschiedenfarbigen Glasstücke, die zuvor in der Steinumrandung zu sehen waren – Glasstücke, wie sie, nur viel kleiner, auch im Kaleidoskop enthalten sind. Und natürlich ist die intakte Fensterrose als „ensemble" ziemlich genau das, was man sieht, wenn man durch ein Kaleidoskop blickt.

So nimmt der Text zu Beginn der Beschreibung der schrecklichen Visage auch mit Absicht noch einmal all die geometrischen Formen auf, die sich zuvor in der Luke präsentiert haben: „Après toutes les figures pentagones, hexagones et hétéroclites qui s'étaient succédé à cette lucarne [...]." Die Vielecke, das tertium comparationis zwischen den verschieden geformten Köpfen, die sich in der zerbrochenen Fensterrose folgen, und den verschieden geeckten Gebilden, die sich im Kaleidoskop abwechseln, rufen beim Leser noch einmal das zwei Seiten vorher gesichtete Kuriositätenkabinett in Erinnerung, und er kann gar nicht anders als all das, was er dort gelesen hat, mit in dieses Gesicht hineinzudenken. So wird Quasimodos Visage zu einem Ganzen, in dem die perfekt krumme Nase auf die perfekt schiefen Zähne und das perfekt warzige Auge auf die perfekt schwielige Lippe trifft, es wird zum „idéal du grotesque qui s'était construit dans les imaginations exaltées par l'orgie". Hugos Trick besteht darin, dass er in einem ersten Schritt die verschiedenen Grimassen in ihre Einzelteile zerlegt, um dann aus diesen Teilen, in einem zweiten Schritt, das absurde Gesicht schlechthin zusammenzubauen. Und an diesem Punkt setzt Flaubert mit seinem verdeckten Assoziationsspiel zwischen seiner Kappe und Hugos Glöckner ein. Auch bei ihm passt kein Teil zum andern, als wären der Näherin in der Kappenmanufaktur die Bestandteile der verschiedenen Mützen durcheinander geraten oder, im Fall von Quasimodo: „On eût dit un géant brisé et mal ressoudé." (ND:52)

Beide, Quasimodo und Kappe, sind von so perfekter Abscheulichkeit, dass sie schon beinahe wieder Bewunderung verdienen. Quasimodos Fratze ist „une merveilleuse grimace", „cet idéal du grotesque" und „une grimace sublime". Kurz nach ihrer Beschreibung, nachdem wir auch noch erfahren haben, auf welch missgebildetem Körper dieser Kopf sitzt, erkennen die Leute den monströsen Glöckner „à la perfection de sa laideur" und Maître Coppenole ist derart beeindruckt, dass es ihm entfährt: „Saint-Père! Tu as bien la plus belle laideur que j'aie vue de ma vie." Das einzige Mittel, dem Patchwork aus unvereinbaren Elementen sprachlich beizukommen, scheint das Oxymoron zu sein, die rhetorische Figur, die einander widersprechende Begriffe zusammenführt. Dem sichtbaren Widerspruch entspricht der sprachliche Widerspruch, der ihn beschreibt. Widersinnig ist die perfekte, gar schönste Hässlichkeit und genauso widersinnig ist es zu versuchen, die unsägliche Fratze in Worten wiederzugeben. So verzichtet Hugos Erzähler auch explizit auf eine Beschreibung – und ist dabei natürlich schon mittendrin: „Nous n'essaierons pas de donner au lecteur une idée de ce nez tétraèdre, de [...]", heisst es, bevor er Quasimodos Gesicht bis ins letzte Detail ausmalt. Die Beschreibung entsteht aus ihrer Verneinung, und beschrieben wird das Unbeschreibliche dadurch, dass gesagt wird, was nicht gesagt werden kann. Tatsächlich ist diese Beschreibung ein Wort gewordenes Schweigen.

Hugos ausgesprochenem Schweigen entspricht in der Kappenbeschreibung das Paradox, das dem Adjektiv „muet" die „profondeurs d'expression" gegenüberstellt: „[...] une de ces pauvres choses, enfin, dont la laideur muette a des profondeurs d'expression comme le visage d'un imbécile." So ist die Hässlichkeit der Kappe gleichzeitig stumm und ausdrucksstark, von nichtssagender Ausdrucksfülle also, und die Kappe ein Widerspruch in sich selbst, ein Objekt wider jede Logik, das vereint, was nicht zusammengehört.

Wie der Rabe in La Fontaines Fabel und wie Quasimodo ist auch Charles ein trauriger Verlierer, ein armer Tropf, das wird im Verlauf des Romans immer klarer. Seine armselige Mütze und sein erbärmlicher Ausruf *Charbovari* und alles was mit ihnen zusammenhängt, deuten es hier bereits an, und interessant ist, wie eng Flaubert die beiden Textstellen, die Kappenbeschreibung und die *Charbovari*-Passage auch untereinander verbindet. Sie gehören zusammen, sorgen gemeinsam dafür, dass sich der Leser schon hier, ganz zu Beginn, ein richtiges Bild macht von Charles.

„Ovoïde, et renflée de baleines [...]" ist die Mütze, ein plumpes Ding. Und gerade in den Wörtern „ovoïde", „baleines", „boudins", in denen das Eiförmige, Walfischschwere, blutwurstig Plumpe der Kappe zum Ausdruck kommt, tönt auch bereits der Name Bovary mit. Charles, kurz darauf vom Lehrer aufgefordert, seinen Namen zu nennen, mauschelt zuerst einen „nom inintelligible", dann ein „bredouillement de syllabes" und brüllt schliesslich „*Charbovari*". In der Kappenbeschreibung, lesen wir „chapska", „chapeau", „bonnet", „ovoïde", „baleines", „boudins", „bande", „broderie" und hören schon unbewusst mit, wie der Neue sein Silbengewirr nuschelt, das einmal wohl mehr nach *Chapovoïde* und dann doch eher wie *Chabroderie* tönt, um schliesslich als „*Charbovari*" tatsächlich heraus gebrüllt zu werden – ein Silbenquodlibet, eingeflochten in das Kappenkunterbunt, zerstammelt und wieder zum grotesken „Charivari" zusammengeflickt.[16] Es brabbelt der unglückselige Name, eingewoben in die zwei ersten, langen Sätze der Kappenbeschreibung, als wäre er auf das armselige Ding aufgestickt. Es folgt ein letzter, ganz kurzer Satz.

Elle était neuve; la visière brillait. (MB:294)

Neu ist also nicht nur der „nouveau", neu ist auch seine Kappe. Der „pauvre garçon" und seine „pauvre chose" haben tatsächlich viel mehr gemeinsam, als diesem lieb sein kann. Genau so deplaziert wie er, der verspottete Neue, der schon bald auf der Schandbank, ausserhalb der Klasse sitzen wird, liegt auch sie am falschen Ort, auf den Knien ihres Besitzers statt, wie es der „genre" verlangen würde, am Boden, unter der Schulbank. Sie liegt am falschen Ort – und doch, wie wir gleich sehen werden, genau dort, wo sie hin gehört.

3.
DER OCHSENZIEMER

An dem hässlichen Ding hängt ja ein Ochsenschwanz! Wie Charles sein Geschlecht verliert. Und wie er es wieder findet. Wovon seine feuchten Träume handeln. Der Ochse fühlt sich als Stier.

Die Ausgangslage ist die folgende: Charles sitzt im Schulzimmer, auf den Knien seine Mütze, – und zumindest ein Teil dieses hässlichen Dings muss hier noch einmal genauer betrachtet werden. Im zweiten Satz seiner Beschreibung heisst es:

> [...] venait ensuite une façon de sac qui [...], et d'où pendait, au bout d'un long cordon trop mince, un petit croisillon de fils d'or, en manière de gland. (MB:294)

Die doppeldeutigen Wörter „sac", „cordon" und „gland" weisen bereits in die richtige Richtung, aber Flaubert geht weiter, webt seinem Text nicht nur im Verborgenen sexuelle Assoziationen ein, sondern zeigt Charles langen, dünnen Ochsenpenis in unverschämter Deutlichkeit: Die Kappe endet in einer Art Sack, von dem, am Ende einer langen, dünnen Kordel etwas Eichelförmiges hängt. Was im Schoss des Ochsen Bovary liegt, ist sein tierisches Geschlecht.[17] Das mag nun erstaunen, gilt Charles ja nicht gerade als animalischer Sexprotz. Im Gegenteil, wie dem Ochsen, den er im Namen trägt, fehlt auch ihm vielmehr die nötige Männlichkeit, – und wie dem Stier, wenn er kastriert und damit zum Ochsen wird, geht es eben tatsächlich auch bald schon Charles:

> « Levez-vous », dit le professeur.
> Il se leva: sa casquette tomba. Toute la classe se mit à rire.
> Il se baissa pour la reprendre. Un voisin la fit tomber d'un coup de coude; il la ramassa encore une fois.
> « Débarrassez-vous donc de votre casque », dit le professeur, qui était un homme d'esprit. (MB:294)

Charles Kastration erfolgt in drei Etappen. Zuerst ist es seine eigene Ungeschicklichkeit, die das unförmige Ding zu Boden fallen lässt, dann der Ellbogenstoss eines Nachbarn und schliesslich muss er es weglegen, weil es der Lehrer so befiehl. In den Worten des Lehrers ist aus der Kappe dann auch schon ein Helm geworden. Er schneidet der „casquette" die letzte Silbe ab, und sie wird zum „casque", wie man dem Stier das Geschlecht abschneidet, und er wird zum Ochsen. Charles, der sich inzwischen mit seinem Ausruf „*Charbovari*" gleich selbst als Ochse bezeichnet hat, soll kurz darauf auf der Schandbank Platz nehmen – doch er zögert.

> « Que cherchez-vous? demanda le professeur.
> - Ma cas..., fit timidement le *nouveau*, promenant autour de lui des regards inquiets. (MB:295)

„Ma cas..." – Noch kürzer ist das armselige Ding geworden, Charles traut sich schon gar nicht mehr es auszusprechen. So bleibt es dem Leser überlassen, das begonnene Wort, je nach Lesart, zu „cas... quette" oder doch eher zu „cas...tration" zu ergänzen.

Charles ist kein Deckhengst, er ist ein Ochse, und das Schwerfällige, Rindviehafte, zu wenig Männliche macht so stark sein Wesen aus, dass es für den Verlauf des ganzen Romans von entscheidender Bedeutung ist und darum hier, schon bei seinem ersten Auftritt, implizit thematisiert wird. So könnte ein Kommentar dieser Stelle lauten, der sich für ihre Funktion im Romanganzen interessiert. Was an dieser Stelle aber durchaus auch packen darf, ist neben ihrem Beitrag zu Charles Charakterisierung, Flauberts doppeltes Erzählspiel an sich, seine Freude am an den Sittenwächtern vorbei geschmuggelten zweiten Sinn. Der Handlung auf erster Ebene kommt bei dieser Lesart nur so etwas wie Paravent-Funktion zu. Der Paravent, bemalt mit einer unschuldigen Schulszene, schiebt sich dabei vor die obszöne zweite Handlung, die nur ein schmutzig lesender Voyeur erhascht. Dieser findet die löchrigen Stellen im Gewebe, die den Blick auf das nackte Geschlecht und die schreckliche Kastration frei geben.

Im Versteckten verliert Charles seinen „cordon trop mince" – und im Versteckten erhält er ihn, mehrere Jahre aber nur wenige Seiten später, zum Schluss seines ersten Besuchs auf les Bertaux, wieder zurück. Die Worte des Lehrers, „Eh! vous la retrouverez, votre casquette; on ne vous l'a pas volée!" (MB:295), dürfen in diesem Sinne als beruhigende Vorausdeutung gelesen werden. Wie das geschieht, erzählt eine der schönsten Paravent-Szenen überhaupt. Auch sie wird hier zuerst einmal als reine Wortspielerei gelesen. Später, im letzten Kapitel dieses Buches, wird sich allerdings noch zeigen, welche entscheidende Rolle sie in Flauberts Umgang mit *Notre-Dame de Paris* spielt. Tatsächlich enthält sie nämlich die scharf geschliffene Pfeilspitze, die Hugos Roman in seinem Innersten treffen soll.

Zu Beginn des zweiten Kapitels im ersten Teil wird Charles Bovary, inzwischen officier de santé geworden und ein erstes Mal verheiratet, spät nachts auf einen Hof gerufen.[18] Der Bauer hat sich ein Bein gebrochen. Der Bruch ist einfach, das Bein bald geschient, und so lädt man Charles ein, vor seinem Ritt zurück noch einen Happen zu essen. Emma, die Tochter des Hauses leistet ihm dabei Gesellschaft. Sie ist jung und Charles auf dem besten Weg, sich in sie zu verlieben, da wird es für ihn Zeit aufzubrechen:

«Cherchez-vous quelque chose? demanda-t-elle.
- Ma cravache, s'il vous plaît», répondit-il.
Et il se mit à fureter sur le lit, derrière les portes, sous les chaises; elle était tombée à terre, entre les sacs et la muraille. Mademoiselle Emma l'aperçut; elle se pencha sur les sacs de blé. Charles, par galanterie, se précipita, et, comme il allongeait aussi son bras dans le même mouvement, il sentit sa poitrine effleurer le dos de la jeune fille, courbée sous lui. Elle se redressa toute rouge et le regarda par-dessus l'épaule, en lui tendant son nerf de bœuf. (MB:306)

Bereits der einleitende Dialog hört sich wie das Echo zur Eröffnungsszene an. Dort hiess es:

«Que cherchez-vous? demanda le professeur.
- Ma cas..., fit timidement le *nouveau* [...] (MB:295)

Und das Ohr täuscht nicht. Das Drama um Charles verlorenes Geschlecht, das damals so abrupt, mitten im Wort, abbrach, findet in dieser kurzen Szene seine Fortsetzung.

Charles und Emma suchen ein Ding, das zuerst, in Emmas Frage, „quelque chose" heisst, in Charles Antwort zu „Ma cravache" wird und das der Erzähler ganz zum Schluss „son nerf de bœuf" nennt. In dieser letzten Bezeichnung, genauer im „bœuf", den sie enthält, stösst die Sondierstange einmal mehr auf Widerstand. Wo der Ochse steht, da wird es interessant. Hier gilt es zu graben.

Gegraben hat hier schon Jean-Michel Adam. In seinem Artikel „La production du sens" (1976) zeigt er bereits in den Siebzigerjahren sehr schön, welche erotischen Konnotationen die Präsenz des „nerf de bœuf" in dieser kleinen Szene weckt.[19]

Ein „nerf de bœuf" ist, schlägt man im *Littré* nach, zuerst einmal eine aus dem getrockneten und gerundeten Nackenband eines Ochsen hergestellte Reitpeitsche – doch das glauben nicht alle. Lesen wir darum den ganzen Eintrag:

> Nom vulgaire de la partie épaisse du bord supérieur libre du ligament jaune élastique cervical postérieur du bœuf ou du cheval, desséché et disposé artificiellement en forme de cylindre; c'est par suite d'une erreur populaire que cette partie est prise pour le membre génital du bœuf, arraché et desséché. (Littré 1999: Band 4:4122)

Glaubt man dem im Volk verbreiteten Irrtum,[20] so ist das, was Charles von Emma im übertragenen Sinn zurück erhält, getrocknet zwar aber immerhin, sein eigener Ochsenpenis. Im Text öffnet sich damit wieder der Blick auf eine zweite Sinnebene und hinter dem Paravent taucht nun nach und nach eine ganz andere Szene auf, die weit weniger unschuldig ist als die erzählte Peitschensuche – und das merkt auch Emma, wie ihr Erröten zeigt. Wo nun Adam aufhört, lohnt es einen Schritt weiterzugehen.

Während im „nerf de bœuf" der Ochse steht, enthält „Ma cravache", sein weibliches Pendant, die Silbe „vache", die Kuh, und man darf sich fragen, was Charles denn hier eigentlich sucht. Sucht der Ochse etwa eine Kuh?

Im Paravent tun sich damit erste Durchguckstellen auf. Es gibt deren mehrere, und die besten liegen im Substantiv „poitrine" und im Verb „tendre":

Das Zimmer, in dem zuvor gegessen wurde, dient auch als Schlafzimmer. Da steht ein Himmelbett, und auf ihm beginnt Charles zu stöbern. Emma hilft, und wie sich jetzt die Präpositionen „sur", „derrière", „sous", „entre" häufen, ist bald nicht mehr klar, wer da wo und wie wühlt, als Emma die Peitsche entdeckt. Sie beugt sich über die Kornsäcke, um das Ding aufzuheben und Charles, der galant sein will, streckt in synchroner Bewegung, „dans un même mouvement", ebenfalls seinen Arm aus. Sie berühren sich zum ersten Mal:

> [...] il sentit sa poitrine [...]

heisst es, und Charles fühlt in unserem Leseverständnis bereits Emmas Brüste, bevor sich herausstellt, dass es ja seine eigene Brust ist, die ihrerseits den Rücken des Mädchens streift:

> [...] effleurer le dos de la jeune fille, courbée sous lui.

Er steht also hinter ihr. Emma richtet sich wieder auf und schaut ihm mit rotem Kopf über ihre Schulter ins Gesicht, während sie ihm seinen Ochsenziemer hinstreckt.

> [...] en lui tendant son nerf de bœuf.

Hier findet sich der zweite Riss im Paravent. Ist der „nerf de bœuf" erst einmal als männliches Glied entlarvt und wird das Verb „tendre" in seiner zweiten Bedeutung, etwas Weiches hart machen, übersetzt, so nimmt das verdeckt ablaufende Geschehen gar pornographische Züge an.

Natürlich tragen die polysemen Wörter „poitrine" und „tendre" das Ihrige zu solchem Leseverständnis bei, aber bereits die offiziell auf den Paravent gemalte Peitschensuche lässt in den Positionen, die sie ihren beiden Akteuren zuschreibt, das unsittliche Treiben erahnen, das gleichzeitig dahinter zu seinem Höhepunkt kommt. Da wird nicht nur diskret im zwischen den Zeilen Versteckten gefummelt, wir befinden uns in der Tierwelt und da geht es urchiger zur Sache. Wenn alle polysem erotisierten Wortspiele bereits verklungen sind, bleibt die Szene, die Charles und Emma nachstellen vor unserem inneren Auge stehen, und Charles beugt sich von hinten über Emma wie der Stier über die Kuh.

Claudine Gothot-Mersch nennt in *La Genèse de Madame Bovary* (1966) verschiedene Stellen, die Flaubert vor der Publikation seines

Romans noch entschärft hat, wohl in Vorahnung des Prozesses, den man *Madame Bovary* ja dann tatsächlich gemacht hat. Darunter auch die eben gelesene Peitschensuche. So heisst es zum Beispiel im Manuskript noch: „il sentit un instant, qui ne dura pas, sa poitrine et son ventre effleurer le corps de la jeune fille, courbée sous lui" (Gothot-Mersch 1966:264–265). Nun stimmt es tatsächlich, dass die definitive Version des Geschehens verschweigt, dass Charles Emma nicht nur mit seinem Brustkorb sondern auch mit seinem Bauch berührt, aber wird die Szene dadurch, wie Gothot-Mersch meint, wirklich harmloser? Ist nicht genau das Gegenteil der Fall? Gerade weil der Bauch aus der Stelle verschwindet, gewinnt doch die Brust an Bedeutung, und wenn dann auch noch der Einschub „un instant, qui ne dura pas" fällt, so rückt doch erst dadurch das Verb „sentir" so nahe zu „sa poitrine", dass das Missverständnis darüber, wer bei wem was fühlt, überhaupt möglich wird. Was also zuerst, an der Oberfläche gelesen, wie eine Entschärfung der Szene aussieht, entpuppt sich, zwischen den Zeilen erhascht, als das genaue Gegenteil. Was Gothot-Mersch in anderen Passagen zurecht beobachtet, trifft hier nicht zu. Hier wird das obszöne Treiben nicht aus dem Text verbannt, es wird nur unter die Textoberfläche, ins Verborgene verlegt. Auf der gleichen Manuskriptseite ersetzt Flaubert „en lui rendant son nerf de bœuf" durch „en lui tendant son nerf de bœuf". Für Gothot-Mersch sind es klangliche Gründe, die ihn dazu bewogen haben (1966:250), sie übersieht, welchen weiteren Effekt Flaubert durch den Verb-Wechsel erzielt.

In dieser Szene lässt sich Dank des erhaltenen Manuskripts sehr schön nachvollziehen, wie Flaubert vorgeht, wenn er im Versteckten schreibt. – Und natürlich zeigt diese Szene auch, wie wichtig es ist, Flaubert zwischen den Zeilen zu lesen. Der offen erzählten Peitschensuche kommt hier nur sekundäre Bedeutung zu. Was wirklich zählt, das zeigt auch die Text-Genese, ist der geheim transportierte zweite Sinn. Der Ochse bekommt sein Geschlecht zurück.

Emma, scheint es, und wir schliessen wieder dort an, wo wir das Schulzimmer der Eröffnungsszene verlassen haben, hat also das Unmögliche möglich, die Kastration rückgängig gemacht. Doch der Schein trügt. Was Charles damals im Schulzimmer aus dem Schoss fiel, war nämlich nicht nur sein „nerf de bœuf", sondern das ganze

Drum und Dran, „une façon de sac qui [...], et d'où pendait, au bout d'un long cordon trop mince, un petit croisillon de fils d'or, en manière de gland" – und genau so liegen die Dinge auch hier, im Ess- und Schlafzimmer, am Boden. Emma entdeckt den Ochsenziemer „entre les sacs et la muraille"; und diese Säcke und was da sonst noch so herum liegt, muss genauer untersucht werden.

In ihrer polysem erotisierten Umgebung fällt es bereits schwer, die Säcke zwischen denen der Ochsenziemer liegt, nicht als Hodensack zu lesen, aber erst die Eichel, die sich von ihrem französischen Klang her beide Male, wenn man die Kornsäcke im Zimmer auf les Bertaux zu sehen bekommt, in ihrer unmittelbaren Umgebung befindet, belegt, dass Emma tatsächlich auf Charles ganzes Geschlecht gestossen ist, auf den „sac", den „cordon" und den „gland", die Charles als Kind abhanden gekommen sind. Erstmals werden die Kornsäcke in der einleitenden Beschreibung erwähnt:

> On sentait une odeur d'iris et de draps humides qui s'échappait de la haute armoire en bois de chêne faisant face à la fenêtre. Par terre, dans les angles, étaient rangés, debout, des sacs de blé. (MB:305)

Wie das deutsche Wort „Eichel" kennt auch das französische „gland" die Bedeutungen: 1. Frucht der Eiche, 2. vorderer Teil des Penis. In „la haute armoire en bois de chêne" schwingt „gland" also bereits implizit in seiner Bedeutung Frucht der Eiche mit, tatsächlich wird die Eichel aber exakt dort genannt, wo auch die Säcke liegen: „dans les angles, étaient rangé, debout, des sacs de blé" – „angles" ist das Klang-Anagramm zu „gland".

Auch das zweite Mal, wenn die Kornsäcke erwähnt werden, in der eben gelesenen Peitschen-Szene, gilt es gut hinzuhören. Die Eichel liegt wiederum, klanglich zumindest, gleich neben den „sacs de blé":

> Mademoiselle Emma l'[la cravache] aperçut; elle se pencha sur les sacs de blé. Charles, par galanterie, se précipita [...]. (MB:306)

Jetzt ist es das Wort „galanterie", in dem sich „gland" versteckt. Die Eichel liegt bei dem als Reitpeitsche getarnten Penis zwischen den Säcken und der Wand. Zu Boden fiel damals die „casquette", „sa casquette tomba", zu Boden fällt die „cravache", „elle était tombée à terre", und am Boden liegen bereits die Kornsäcke und die Eichel, „Par terre, dans les angles, étaient rangés, debout, des sacs de blé". Wenn Emma doch nur wüsste, was sie da vor sich auf dem Boden liegen hat, sie würde behutsamer damit umgehen. Sie lässt Säcke und Eichel liegen, hebt nur den trockenen Ochsenziemer auf. Die Möglichkeit Charles zum Stier zu machen ist vertan, der Ochse bleibt ein Ochse; und darunter wird sie noch den ganzen Roman lang zu leiden haben.

Je genauer man sich die kleine Szene ansieht, desto klarer wird, dass dem primär erzählten Geschehen, der auf den Paravent gemalten Peitschensuche, nur sekundäre Bedeutung zukommt. Sie bringt den Roman nicht wesentlich weiter. Flaubert benutzt sie wohl vor allem als Vorwand, um dahinter erotische (Sinn-)Spiele zu spielen, und auf die, und nur auf die bereitet auch der Text vor. Tatsächlich liest sich nämlich die Seite vor der Peitschensuche wie das Vorspiel zum Liebesakt. Wir blättern zurück.

Nachdem Charles das gebrochene Bein geschient hat, wird er eingeladen noch einen Imbis zu nehmen. Charles steigt also ins Zimmer im Erdgeschoss hinunter, wo er mit Emma essen soll. Und dieses Zimmer wird nun zuerst einmal beschrieben.

> Deux couverts, avec des timbales d'argent, y étaient mis sur une petite table, au pied d'un grand lit à baldaquin revêtu d'une indienne à personnages représentant des Turcs. On sentait une odeur d'iris et de draps humides qui s'échappait de la haute armoire en bois de chêne faisant face à la fenêtre. Par terre, dans les angles, étaient rangés, debout, des sacs de blé. C'était le trop-plein du grenier proche, où l'on montait par trois marches de pierre. Il y avait, pour décorer l'appartement, accrochée à un clou, au milieu du mur dont la peinture verte s'écaillait sous le salpêtre, une tête de Minerve au crayon noir, encadrée de dorure, et qui portait au bas, écrit en lettres gothiques: «A mon cher papa». (MB:305)

Das Zimmer dient, und das wurde bereits erwähnt, auch als Schlafzimmer, und von Anfang an ist es diese zweite Funktion, auf die der Text die Aufmerksamkeit lenkt. Während der Tisch klein ist, „une petite table", ist das Himmelbett gross. „un grand lit à baldaquin", und um dieses Himmelbett geht es die nächsten zwei Zeilen. Auf seinen Vorhängen, der „indienne", sind Türken abgebildet, so dass sich einmal mehr zwar nicht vom primären Sinn, aber doch vom Klang her, auf dem Bett gleichzeitig eine Inderin und mehrere Türken tummeln. Es bahnt sich Unsittliches an, und das bestätigt auch der Geruch, der auf diesem Zimmer liegt. Es ist nicht etwa, wie man durchaus erwarten könnte, der Duft des Essens, sondern „une odeur d'iris et de draps humides"; und dieser Duft lohnt olfaktorisch analysiert zu werden. Genau wie der Geruch von feuchten Bettlaken hat auch der Iris-Duft mit dem Bett zu tun. Iris benutzte man früher um die Bettwäsche zu parfümieren (Larousse 1866–1878: Band 9:788). In literaturgeschichtlicher Sicht kommt „Iris" aber noch eine andere Bedeutung zu. Als Frauenname diente er in vergangenen Jahrhunderten einigen Poeten, wie zum Beispiel Boileau, gern, um eine heimliche Geliebte oder eine Frau, deren Namen man verschweigen wollte, zu bezeichnen (Larousse 1866–1878: Band 9:788). Und das ist ganz in Charles Sinn, schliesslich ist er mit der furchtbar eifersüchtigen Héloïse verheiratet, und er wird die folgenden Seiten alles tun, seine heimliche Liebe zu Emma vor ihr zu verbergen. So verstanden ist also das, was Charles in die Nase steigt, der Duft der Frau, die er heimlich liebt, vermischt mit dem Geruch feuchter Laken, und diese feuchten Bettlaken fügen dem Geruch die pikante Note bei. Sie lassen sich leicht zu sexuellem Treiben assoziieren.

Was da genau in der Luft liegt, mag der Vergleich mit einem anderen Geruchsgemisch noch zu erhellen, das hundertsiebzig Seiten später, es war bereits die Rede davon, aus Rodolphes Keksdose steigt. Die in Rodolphes Dose enthaltenen Erinnerungsstücke an frühere Liebhaberinnen verströmen „une odeur de poussière humide et de roses flétries" (MB:475). Feucht und blumig riecht es auch hier, aber die Geruchskomponenten sind andere geworden. Statt nach Iris riecht es jetzt nach Rosen, nach verblühten, entehrten, geschändeten allerdings, wie das Adjektiv „flétries" präzisiert. Die Blumen der Liebe sind für Rodolphe wertlos geworden, genau wie die Frauen, unter ihnen auch Emma, die er an seinem Lebenswegrand gepflückt, geknickt und danach weggeworfen hat. Was da feucht riecht, ist auch nicht mehr frisch parfümiertes Bettlaken sondern Staub, wertlose, zerfallene Materie. Aber feucht riechen beide Düfte, feucht riechen Rodolphes Frauen-Souvenirs und feucht riecht es im Ess- und Schlafzimmer – und Feuchtigkeit steht bei Flaubert, und natürlich nicht nur bei ihm, aber eben bei ihm sehr stark, in einem erotischen Kontext. Das verdeutlicht ebenfalls eine Stelle aus dem unmittelbaren textuellen Umfeld von Charles erstem Besuch auf les Bertaux.

Eine Seite nach der Peitschensuche, Charles weiss es zwar noch nicht, aber er ist bereits über beide Ohren in Emma verliebt, bietet sich ihm ihr verführerischer Anblick unter dem Sonnenschirm aus taubenhalsgrauer Seide. Wie er die junge Frau da wahrnimmt, steht in engem Zusammenhang mit der lauwarm-feuchten Atmosphäre, in der sie auftritt – und im krassen Gegensatz zu der Frau, die Charles zu Hause hat. Héloïse ist hässlich und vor allem trocken wie ein Holzscheit, „elle fut laide, sèche comme un cotret [...]" (MB:301), genauso trocken wie Charles ausgetrockneter Ochsenziemer. Die Feuchtigkeit jedoch, die Emma an diesem Frühlingstag unter dem taubenhalsfarbenem Sonnenschirm umgibt, trieft geradezu von erotischen Implikationen.[21]

> Une fois, par un temps de dégel, l'écorce des arbres suintait dans la cour, la neige sur les couvertures du bâtiment se fondait. Elle était sur le seuil; elle alla chercher son ombrelle, elle l'ouvrit. L'ombrelle, de soie gorge-de-pigeon, que traversait le soleil, éclairait de reflets mobiles la peau blanche de sa figure. Elle souriait là-dessous à la chaleur tiède; et on entendait les gouttes d'eau, une à une, tomber sur la moire tendue. (MB:307)

Es ist Tauwetter, das Wasser sickert aus der Rinde der Bäume, auf den Dächern schmilzt der Schnee, und in dieser lauen Wärme tropft es auf die straff gespannte Seide von Emmas Sonnenschirm. Das ist das letzte Bild, das Charles sieht, bevor ihm klar wird, dass er diese junge Frau begehrt.

Im Zimmer auf les Bertaux, wo Charles seinen Imbiss bekommt, riecht es aber nicht nur feucht, es ist derart feucht, dass sich sogar die Farbe der Wände unter der Einwirkung des Salpeters löst, „la peinture verte s'écaillait sous le salpêtre". An diesen Wänden lehnen jetzt, „dans les angles", die Getreidesäcke. Sie sind „le trop plein du grenier proche". Les Bertaux scheint ein beneidenswert fruchtbarer Hof zu sein, und das kontrastiert nun nicht nur mit Charles Unfruchtbarkeit, sondern verstärkt noch einmal die sexuellen Implikationen, die bereits in und um diese Säcke und im ganzen Zimmer gefunden wurden.

So viel zur Atmosphäre, in der Charles Emma kennen lernt. Emma selbst beachtet Charles bisher kaum. Nur einmal bleibt sein Blick an ihr hängen, als sie sich beim Nähen der kleinen Kissen, die die Beinschiene ihres Vaters polstern sollen, in die Finger sticht und diese an den Mund führt um daran zu saugen:

> [...] tout en cousant, elle se piquait les doigts, qu'elle portait ensuite à sa bouche pour les sucer. (MB:304)

Natürlich ist es bereits hier eine erotisch konnotierte Geste, die Charles Blick fängt, und sie dient nun als Auslöser für einen Abschnitt über Farbe und Form ihrer Fingernägel, ihre Hände und schliesslich über ihre Augen. Das alles wird mit Charles gesehen: „Charles fut surpris de la blancheur de ses ongles [...]" (MB:304–305), beginnt der Abschnitt. Es ist der letzte Abschnitt, bevor Charles mit Emma für den Imbiss ins Esszimmer hinunter steigt. Nach der Beschreibung des Zimmers, man hat sich ein paar Zeilen lang über den Patienten, das Wetter, die Wölfe, die nachts durch die Felder streifen und die Widrigkeiten des Landlebens unterhalten, ist es wieder Emmas Mund, der Charles fesselt, genauer sind es ihre vollen Lippen, an denen sie, sooft sie schweigt, leicht nagt:

> [...] ses lèvres charnues, qu'elle avait coutume de mordiller à ses moments de silence. (MB:305)

Volle Lippen versprechen auch heute noch Sinnlichkeit, erst recht, wenn sie leicht genagt werden. Charles ist fasziniert. Das wird zwar nicht gesagt, aber die minutiöse Beschreibung Emmas, die nun folgt, verrät ihn. Emma wird erneut durch seine Augen gesehen, das belegt der Einschub zu ihrem raffiniert geknoteten Chignon: „que le médecin de campagne remarqua là pour la première fois de sa vie" (MB:305), und seine Augen gleiten nun mit aller Liebe zum Detail über Emmas Hals, ihr Haar, das Ohrläppchen und ihre Schläfen. Es ist das erste Portrait Emmas, und darum hier der ganze Wortlaut.

> Son cou sortait d'un col blanc, rabattu. Ses cheveux, dont les deux bandeaux noirs semblaient chacun d'un seul morceau, tant ils étaient

> lisses, étaient séparés sur le milieu de la tête par une raie fine, qui s'enfonçait légèrement selon la courbe du crâne; et, laissant voir à peine le bout de l'oreille, ils allaient se confondre par derrière en un chignon abondant, avec un mouvement ondé vers les tempes, que le médecin de campagne remarqua là pour la première fois de sa vie. Ses pommettes étaient roses. Elle portait, comme un homme, passé entre deux boutons de son corsage, un lorgnon d'écaille. (MB:305)

Da schaut einer ganz genau. Wie streichelnde Hände liebkosen Charles Augen Emmas Gesicht, gleiten tiefer hinab und bleiben schliesslich auf ihrem Busen, zwischen zwei Knöpfen ihrer Bluse, an ihrem „lorgnon" hängen. Und dieser „lorgnon" erinnert bestimmt nicht nur zufällig an das Verb „lorgner".[22] Dann muss Charles aufbrechen, und es kommt zur obszönen Peitschensuche.

Die Feuchtigkeit, die Emma umgibt und ihr Mund und was sie damit anstellt, das ist, was Charles von allem Anfang an packt, und auch später, wenn er Emma regelmässig zu besuchen beginnt, sind es immer wieder ähnliche Details, die ihm an ihr auffallen. Einmal ist es, wie gesehen, die triefende Nässe, die sie unter ihrem taubenhalsfarbenen Sonnenschirm umgibt, einmal sind es nur ein paar Schweisströpfchen auf ihrer Schulter, „on voyait sur ses épaules nues de petites gouttes de sueur" (MB:311), oder ein paar Zeilen weiter, und jetzt schaut er wieder ganz genau hin, die Art, wie sie zwischen ihren aufgestülpten Lippen hindurch mit kleinen Zungenstössen den Boden ihres Liqueur-Glases ausleckt.

> Elle alla donc chercher dans l'armoire une bouteille de curaçao, atteignit deux petits verres, emplit l'un jusqu'au bord, versa à peine dans l'autre et, après avoir trinqué, le porta à sa bouche. Comme il était presque vide, elle se renversait pour boire; et, la tête en arrière, les lèvres avancées, le cou tendu, elle riait de ne rien sentir, tandis que le bout de sa langue, passant entre ses dents fines, léchait à petits coups le fond du verre. (MB:311)

Da ist es restlos um Charles geschehen, und im vierten Kapitel wird geheiratet.

4.
EINE STADT ZUM AUFESSEN

Die Zoten in den Schnaps-Karaffen. Die Hauptstadt in der Hochzeitstorte. Zwei Biskuit-Türme.

In Flauberts Romanen, man weiss es spätestens seit Jean-Pierre Richard, wird viel gegessen (1954:117)[23], – und ganz besonders viel bei Charles und Emmas Hochzeit. Das wird schon im letzten Satz des dritten Kapitels versprochen, „on resta seize heures à table" (MB:314), und später bestätigt: „Jusqu'au soir, on mangea." (MB:317)

Auch dem Leser bleibt von dem Fest vor allem die üppig gedeckte Hochzeitstafel in Erinnerung und natürlich der Moment, als die Hochzeitstorte aufgetragen wird, die „pièce montée", die unter den Gästen Begeisterungsschreie auslöst. Was da aber bereits vorher auf den Tischen bereit steht, füllt auch schon eine ganze Seite. Zuerst sind es vier Lendenbraten, sechs Schüsseln mit Hühnerfrikassee, eine Platte mit geschmortem Kalbfleisch, drei Hammelkeulen und in der Mitte, eingerahmt von vier grossen Würsten mit Sauerampfer, ein gebratenes Spanferkel (MB:316). Es wird aber nicht nur happig gegessen, es wird auch zünftig getrunken. Schnaps-Karaffen, Apfelwein-Flaschen und bis zum Rand gefüllte Weingläser warten auf den Tischen (MB:316–317). Alkohol in Hülle und Fülle. Und das erklärt auch, warum die Spässe, die „gaudrioles", im Laufe des Gelages derber und die Sitten rauher werden. Man macht zweideutige Witze und rückt den Frauen auf den Leib, „on disait des gaudrioles, on embrassait les dames" (MB:317). Wie all der Alkohol, der später die Zungen locker und die Manieren vergessen macht, auf der Tafel bereit steht, enthält er schon, wenn auch nur in destillierter Form, die saftigen Zoten, die man danach zu hören bekommt. – Und einmal mehr quellen die schlüpfrigen Doppeldeutigkeiten, der dicke Schaum und die gelbe Creme aus dem initialen Wort „angles", dem Anagramm zu „gland", jenem Lieblingsanagramm Flauberts, wenn er das Thema unter die Gürtellinie verlegt.

> Aux angles, se dressait l'eau-de-vie, dans des carafes. Le cidre doux en bouteilles poussait sa mousse épaisse autour des bouchons et tous les verres, d'avance, avaient été remplis de vin jusqu'au bord. De grands plats de crème jaune, qui flottaient d'eux-mêmes au moindre choc de la table, présentaient, dessinés sur leur surface unie, les chiffres des nouveaux époux en arabesques de nonpareille. (MB:316–317)

Dann wird die „pièce montée" aufgetragen, ein unsäglich scheussliches Gebilde, ein aus Zuckerbäckerzeug aufgetürmter und zusammengepappter Verschnitt architektonischer Elemente:

> On avait été chercher un pâtissier à Yvetot pour les tourtes et les nougats. Comme il débutait dans le pays, il avait soigné les choses; et il apporta, lui-même, au dessert, une pièce montée qui fit pousser des cris. A la base, d'abord c'était un carré de carton bleu figurant un temple avec portiques, colonnades et statuettes de stuc tout autour dans des niches constellées d'étoiles en papier doré; puis se tenait au second étage un donjon en gâteau de Savoie, entouré de menues fortifications en angélique, amandes, raisins secs, quartiers d'oranges; et enfin, sur la plate-forme supérieure, qui était une prairie verte où il y avait des rochers avec des lacs de confiture et des bateaux en écales de noisettes, on voyait un petit Amour, se balançant à une escarpolette de chocolat, dont les deux poteaux étaient terminés par deux boutons de rose naturelle, en guise de boules, au sommet. (MB:317)

So viel Hässlichkeit und Dummheit in einer einzigen Torte dürfen nicht einfach überlesen werden, das spürt man als Leser, und doch kann einen diese Tortenpassage ziemlich ratlos stehen lassen. Man vermutet zwar, dass sie ähnliche literarische Kostbarkeiten enthalten müsste wie Charles „casquette", dass es in dieser Zuckerbäcker-Architektur geheime Gänge, verborgene Türen und Räume zu entdecken gibt, dass sich hinter ihren Befestigungen aus Mandeln, Rosinen und Orangenschnitzen, eingemauert in den Burgturm „en gâteau de Savoie" vielleicht sogar der Schlüssel zu einem tieferen Verständnis des Romanganzen finden liesse – aber wo und wie und wonach überhaupt suchen? Wie die „casquette", die „ivoireries" von Binet oder das fürchterliche Spielzeug, das Charles in einer früheren Version des Romans Homais Kindern schenkt, gehört auch die „pièce montée" zu den grotesken Objekten, die geradezu nach einem Kommentar zu schreien scheinen, zu diesen literarischen Vexierbildern, bei denen, schaut man nur genau hin, hinter jedem Wort ein anderes hervortritt.[24]

Ein erster Schritt ist getan. Es gibt kaum einen Kritiker, der nicht der Meinung wäre, dass der hässliche Kuchen in engem Zusammenhang mit der „bêtise" steht, die Flaubert bei den Menschen beobachtet. Die „pièce montée" ist in all ihren absurden Details ein Produkt jener modernen Dummheit, der Flauberts Spott gilt – und das ist ein erster Hinweis.

Ein grosser Künstler im Verspotten moderner Dummheit ist nämlich auch Victor Hugo, auch seine Ansicht des modernen Paris um 1830 in *Notre-Dame de Paris* gehört zu den Meisterwerken solcher Spottkunst – und ein geheimer Gang, den Flaubert in seine Torte eingebacken hat, führt direkt zu dieser Stelle im zweiten Kapitel des dritten Buchs von Hugos Roman.

In „Paris à vol d'oiseau" (ND:114–138) zeigt Hugo Paris von oben, von den Türmen von Notre-Dame aus, wie es sich über die Jahrhunderte hinweg verändert und schliesslich zu dem wird, was es im 19. Jahrhundert ist. Zuerst wird über etliche Seiten ein wunderschönes Paris des Mittelalters gezeichnet, mit seinen Dächern, Kaminen, Strassen, Brücken und Plätzen, seinen imposanten romanischen und gotischen Bauten, bald aus der Nähe, im Detail betrachtet, bald wieder von hoch oben in seiner Gesamtansicht, und er kommt zum Schluss:

> Ce n'était pas alors seulement une belle ville; c'était une ville homogène, un produit architectural et historique du moyen âge, une chronique de pierre. (ND:132)

Paris ist dazumal also nicht nur eine schöne Stadt, es ist, und das darf durchaus als eine Steigerung im Positiven verstanden werden, eine homogene Stadt. Das Adjektiv „homogène" steht hier im Gegensatz zum Adjektiv „hétérogène", das man seit dem Anfang des Romans mit dem hässlichen Quasimodo in Verbindung bringt.

Schon weniger harmonisch, aber nicht minder schön, nimmt sich das Paris der Renaissance, mit seinen römischen Bogen, den griechischen Säulen, seinen Arabesken und Akanthusblättern aus.

> Cinquante ans plus tard [...] Paris fut peut-être plus beau encore, quoique moins harmonieux à l'œil et à la pensée. (ND:133)

Und dann geschieht das Furchtbare. Das einst so harmonische Paris verkommt über die Jahrhunderte hinweg zu einer Müsterchen-Sammlung verschiedener Epochen, aus der die besten Stücke verschwunden sind; aus einem homogenen Stadtbild wird eine heterogene Ansammlung von Häusern.

> Le Paris actuel n'a donc aucune physionomie générale. C'est une collection d'échantillons de plusieurs siècles, et les plus beaux ont disparu. La capitale ne s'accroît qu'en maisons, et quelles maisons! (ND:134)

Was dem heutigen Paris fehlt, ist die einheitliche Physiognomie, es ist ein heterogener Haufen, und wie bei Quasimodo und bei Charles „casquette" spiegelt sich auch hier die Lächerlichkeit des Ganzen in der Lächerlichkeit des Details. So ist in den nun folgenden Seiten (ND:134–136) zum Beispiel der „dôme de la Halle au blé" „une casquette de jockey anglais sur une grande échelle" und die Türme von Saint-Sulpice sind „deux grosses clarinettes" oder der Palais de la bourse wird dafür gelobt, wie gut er an das Pariser Klima angepasst ist. Im Winter muss man ihm den Schnee vom flachen Dach schaufeln, und darin, geschaufelt zu werden, meint der Autor, liege ja bestimmt die Funktion eines Daches.

Hugos zeitgenössisches Paris, das sind zwei Seiten pure Spottlust und das ist eine Lektion in Ironie. Ganz zu Beginn der Passage steht die Beteuerung, kein Wort über die modernen Monumente verlieren zu wollen. Und wie in der Beschreibung von Quasimodos Gesicht – dort heisst es: „nous n'essaierons pas de donner au lecteur une idée de ce nez tétraèdre [...]" (ND:51) – ist es gerade dieser Verzicht zu sprechen, „nous nous dispenserons volontiers d'en parler" (ND:134), dem die ganze Aufzählung lächerlicher Gebäude dann entspringt. Es wird einmal mehr das Unsägliche gesagt.

> Quant aux monuments modernes du Paris neuf, nous nous dispenserons volontiers d'en parler. Ce n'est pas que nous ne les admirions comme il convient. La Sainte-Geneviève de M. Soufflot est certainement le plus beau gâteau de Savoie qu'on ait jamais fait en pierre. Le palais de la Légion d'honneur est aussi un morceau de pâtisserie fort distingué [...] (ND:134)

Wir lesen nicht die ganze Beschreibung, sondern schauen uns nur diesen Anfang etwas genauer an. Hier mündet nämlich der geheime Gang, den Flaubert in seine Hochzeitstorte eingebacken hat.

Hugos Paris, das sind Architektur gewordene Torten, wie die „pièce montée" Torte gewordene Architektur ist. So ist die Sainte-Geneviève „le plus beau gâteau de Savoie qu'on ait jamais fait en pierre" und der Palast der Ehrenlegion „un morceau de pâtisserie fort distingué". Beide, das moderne Paris und die „pièce montée" setzen sich aus unterschiedlichsten Bauten zusammen, man trifft auf alle möglichen und unmöglichen Architekturstile seit der Antike. Bezeichnenderweise passt auch hier, wie in Quasimodos Gesicht und wie in Charles' Mütze, kein Detail zum anderen, und als Ganzes sind sie ganz einfach dumme Gebilde. Vereinzelte lexikalische Übereinstimmungen wie der in beiden Stellen, in der „pièce montée" und im modernen Paris auftauchende „gâteau de Savoie" sollen dabei nicht überbewertet werden. Sie sind nur als Teile einer kongruenten Argumentation interessant. So ist der Biskuit-Burgturm in der Hochzeitstorte, „un donjon en gâteau de Savoie", auch darum lächerlich, weil er aus einem für Burgtürme denkbar ungeeigneten Material, eben aus Biskuitteig, erbaut ist, und umgeben wird er von genauso läppischen Befestigungen aus Mandeln, Rosinen und Orangen-Schnitzen, einem Bollwerk zum Aufessen. Symmetrisch dazu ist Hugos Sainte-Geneviève „le plus beau gâteau de Savoie qu'on ait jamais fait en pierre". Es wäre eine tolle Torte, ist als solche aber ungeniessbar, weil aus Stein gebacken. Nichts ist zum Bau von Monumenten weniger geeignet als Zuckerzeug und nichts zum Zuckerbäckern ungeeigneter als Stein. Monumentale Architektur und Zuckerbäckerei, die eine geschaffen, die Jahrhunderte zu überdauern, die andere – sofort geniessen! – um möglichst schnell verbraucht zu werden, in ihrer Kombination sind sie ein Widerspruch in sich selbst. Es sind eben Monumente für die Ewigkeit, von denen man hofft, dass sie möglichst bald verschwinden mögen.

Wie das „jouet", Charles' „casquette" oder Binets „ivoireries" sind das moderne Paris und die „pièce montée" lächerliche Gebilde, von Menschen geschaffene Hässlichkeiten, wie sie die Natur nur selten zu Stande bringt – manchmal allerdings schon.

5.
DER MECHANISCHE APPARAT[25]

Operation Klumpfuss. Und wie sie schon auf einem Bild in Notre-Dame de Paris zu sehen war. Hippolyte und Quasimodo: die gefolterten Patienten. Auch Esmeralda wird der Fuss geschunden. Zwei mechanische Apparate.

Im elften Kapitel des zweiten Teils will Charles den Stallknecht Hippolyte von seinem Klumpfuss befreien. Die Operation misslingt; und dem Stallburschen muss nach fürchterlichem Leiden vom Spezialisten Canivet der ganze Fuss amputiert werden. – Und wie aus „*Charbovari!*", dem Namen, der Charles zum Verhängnis wird, lässt sich auch Hippolytes tragisches Schicksal bereits aus seiner ersten Nennung im Roman ablesen, dann wird er nämlich, im ersten Kapitel des zweiten Teils, von seiner Herrin, Madame Lefrançois, „Polyte" (MB:358) gerufen. In der französischen Metrik waren Fuss und Silbe früher Synonyme, und Hippolytes Meisterin amputiert hier die erste Silbe seines Namens, wie ihm später der Chirurg Canivet den Fuss abtrennen wird.[26]

Hippolyte ist ausserdem ein sprechender Name: Er bedeutet „der die Pferde loslässt", und als Stallknecht ist Hippolyte ja tatsächlich derjenige, der die Pferde loslässt.[27] Diese Pferde wiederum, die Hippolyte gleichsam im Namen trägt, wollen allerdings ihren Knecht nicht loslassen, denn gerade wenn es um seinen verkrüppelten Fuss geht, sind sie überall präsent. In der Beschreibung des Klumpfusses tauchen Wörter wie „équin" oder „pied de cheval" auf, seine Fussnägel gleichen den „clous d'un fer" und wenn Hippolyte sich fortbewegt, dann galoppiert er.

> Il avait un pied faisant avec la jambe une ligne presque droite, ce qui ne l'empêchait pas d'être tourné en dedans, de sorte que c'était un équin mêlé d'un peu de varus, ou bien un léger varus fortement accusé

> d'équin. Mais, avec cet équin, large en effet comme un pied de cheval, à peau rugueuse, à tendons secs, à gros orteils, et où les ongles noirs figuraient les clous d'un fer, le stréphopode, depuis le matin jusqu'à la nuit, galopait comme un cerf. (MB:452)

Nun ist der Stallbursche des *Lion d'or* nicht der einzige, dem der Name Hippolyte zum Verhängnis wird. Als der heilige Hippolyt, angeklagt als Oberhaupt der Christen, vor den Präfekten von Rom gebracht wird, lässt ihn dieser wie seinen mythischen Namensvetter, den Sohn des Theseus behandeln. Der *Grand dictionnaire universel du XIXe siècle* erzählt die Geschichte wie folgt:

> On lit dans les *Actes des martyrs* que saint Hippolyte, ayant été dénoncé par la foule comme étant le chef des chrétiens, fut amené devant le préfet de Rome qui, en apprenant son nom, s'écria: « Eh bien! qu'il soit traité comme le fils de Thésée et traîné par des chevaux! » On amena aussitôt deux chevaux des plus farouches; on les rapprocha l'un de l'autre avec beaucoup de peine et l'on passa entre eux, au lieu de timon, une longue corde avec laquelle on lia les pieds du saint martyr; puis on les excita à coup de fouet, et, furieux, ils emportèrent le confesseur de la foi au milieu des ronces et des épines. (Larousse 1866–1878: Band 9:291)

Die Parallele zwischen Hippolyte, dem Stallburschen, und dem heiligen Hippolyt liegt also darin, dass der eine an einem Pferdefuss leidet, während das Leid des anderen darin besteht, mit den Füssen an Pferde gebunden und so geschleift zu werden. Flaubert zeigt an mehreren Stellen, dass es ihm mit seiner Operations- und Amputationsszene – unter anderem – um das Martyrium des Christenführers geht. So lässt er Madame Lefrançois, die Herrin des Stallburschen, das Bild des Martyriums verwenden, wenn sie sich nach der misslungenen Operation an den Leidenden wendet: „[...] ils t'ont déjà bien assez martyrisé!" (MB:456), sagt sie und meint mit „ils" Bovary und Homais, die den armen Teufel so übel zugerichtet haben. Und während der heilige Hippolyt vom Volk denunziert wird, sind es die Bewohner von Yonville, die Hippolyte schon fast zur Operation zwingen.

Le malheureux céda, car ce fut comme une conjuration. Binet, qui ne se mêlait jamais des affaires d'autrui, madame Lefrançois, Artémise, les voisins, et jusqu'au maire, M. Tuvache, tout le monde l'engagea, le sermonna, lui faisait honte; [...] (MB:451)

Der Chirurg Canivet, der schliesslich entscheidet, der geschundene Fuss müsse amputiert werden, bemerkt seinerseits, es sei ihm völlig egal, ob er einen Christen zerlege oder das erstbeste Geflügel, „[...] il m'est aussi parfaitement égal de découper un chrétien que la première volaille venue." (MB:459). Während es also dem Stallburschen in seinem Leid nichts hilft, *dass* er ein Christ ist, muss der heilige Hippolyt gerade darum leiden, *weil* er ein Christ ist. Flaubert treibt die Ironie auf die Spitze, wenn er dann auch noch den Pfarrer auftreten und dem Malträtierten über die Länge einer Seite erklären lässt, sein erbarmenswerter Zustand sei nur die Folge mangelnden Glaubens (MB:456–457). Beim heiligen Hippolyt verhält es sich ja genau umgekehrt.

Das Martyrium des heiligen Hippolyt wurde im 19. Jahrhundert von verschiedenen Malern dargestellt, so auch von François Joseph Heim, der 1820 den Auftrag dazu für Notre-Dame in Paris erhalten hatte. Sein Bild wurde zum ersten Mal im Salon 1822 gezeigt und ist an der Weltausstellung von 1855 prämiert worden. Bis 1862 hing Heims Gemälde in Notre-Dame de Paris. Seit dann gilt es als verschollen. Erhalten ist davon nur ein – allerdings bereits in Öl ausgeführter – Entwurf.[28]

Es bestehen auffällige Ähnlichkeiten zwischen der Szene, wie sie bei Flaubert erzählt wird, und Heims Bild. Schon die Beschreibung des leidenden Stallburschen, „pâle, la barbe longue, les yeux caves" (MB:455), ähnelt den Gesichtszügen des gefesselten Glaubensbekenners. Wenn sich Charles und Homais aber schliesslich daran machen, Hippolytes kranken Fuss nach der Operation in einen medizinischen Apparat einzuspannen, „en l'y serrant davantage", stellen sie ziemlich genau die Henkersknechte auf dem Bild nach, die kräftig an den Riemen ziehen.

Mais à peine l'œdème eut-il un peu disparu, que les deux savants jugèrent à propos de rétablir le membre dans l'appareil, et en l'y serrant davantage, pour accélérer les choses. (MB:455)

François Joseph Heim. Martyre de saint Hippolyte. *Skizze zum Bild, das im Salon von 1822 gezeigt wurde. Privatsammlung.*

Bezeichnenderweise hat sich Flaubert nicht einmal die Pointe nehmen lassen, das Binden von Hippolytes Fuss zu begründen mit der Beschleunigung der „Sache", „pour accélérer les choses". „Beschleunigt" werden soll ja auch der heilige Hippolyt, und nur zu diesem Zweck werden ihm die Füsse gebunden.

Dass Heims Bild zur Zeit der Entstehung von *Madame Bovary* in Notre-Dame de Paris hing, macht natürlich neugierig. Die Kritik hat bereits darauf hingewiesen, dass Hippolyte ein wenig an Quasimodo erinnert (Bargues-Rollins 1998:167), und das lässt sich bei seinen roten Haaren, seinem Hinken und vor allem bei seiner Missbildung wohl auch kaum abstreiten. Flaubert zieht aber noch auf einer ganz anderen Ebene Parallelen und tatsächlich benutzt er das Martyrium des heiligen Hippolyt, um eine weitere Brücke zu *Notre-Dame de Paris* zu schlagen.

Genau betrachtet erinnern die Qualen, die Hippolyte während der Behandlung seines Klumpfusses über sich ergehen lassen muss, viel mehr als an einen chirurgischen Eingriff ganz eigentlich an eine Folterszene. Das lassen schon die eben beobachteten Verbindungen zum Martyrium des Christenführers vermuten. Der hilflose Stallknecht ist seinen Peinigern Charles und Homais, die ihm den geschundenen Fuss in den medizinischen Apparat zwängen, hoffnungslos ausgeliefert und muss als „pauvre diable" unerträgliche Schmerzen erleiden. Und ein „pauvre diable" ist eben auch Quasimodo, wenn er im vierten Kapitel des sechsten Buchs (ND:224–233) von *Notre-Dame de Paris* gefoltert und ausgepeitscht wird. Er wird allerdings nur einmal so genannt, sonst heisst er mit wenigen Ausnahmen „le pauvre patient", „le malheureux patient" oder ganz einfach „le patient". Während also der Klumpfüssige, dem die Ärzte den missgebildeten Fuss heilen wollen, als Folteropfer erscheint, wird der Bucklige, dem die Folterknechte den missgebildeten Rücken auspeitschen, als Patient bezeichnet, was im Französischen sowohl den körperlich Misshandelten als auch den vom Arzt Behandelten meinen kann. Und die Frage, ob Charles und Homais den Stallburschen nun eher beoder misshandeln, beantwortet Canivet schliesslich mit einem vielsagenden Vergleich zwischen Klumpfüssen und Buckeln. Bei beiden scheint ihm die Behandlung gleich viel wert zu sein, nämlich nichts. Es seien dies neumodische Erfindungen aus – Paris.

> Ce sont là des inventions de Paris! [...] Redresser des pieds bots! est-ce qu'on peut redresser les pieds bots? C'est comme si l'on voulait, par exemple, rendre droit un bossu! (MB:457–458)

Quasimodo ist aber nicht der einzige, der in *Notre-Dame de Paris* gefoltert wird; Pierrat Torterue, der das Foltern schon als Anagramm im Namen trägt, setzt auch Esmeralda zu, und zu dieser zweiten Folterszene führt die Brücke, die Flaubert über Heims Bild, die Legende vom heiligen Hippolyt und Quasimodo geschlagen hat.

Esmeralda wird mit dem „brodequin" gefoltert, einem Apparat aus Holz, Riemen und Metall, in den der Fuss eingespannt und durch immer stärkeres Zusammenziehen der Apparatur mehr und mehr gequetscht wird.[29] Und wenn die zwei Henkersknechte, „le tourmenteur et le médecin", Esmeraldas Fuss in den „appareil" einspannen, dann tönt das bei Hugo so:

> Bientôt la malheureuse vit, à travers un nuage qui se répandait sur ses yeux, approcher le *brodequin*, bientôt elle vit son pied emboîté entre les ais ferrés disparaître sous l'effrayant appareil. Alors la terreur lui rendit de la force. «Otez-moi cela!» cria-t-elle avec emportement. Et, se dressant tout échevelée: «Grâce!»
>
> Elle s'élança hors du lit pour se jeter aux pieds du procureur du roi, mais sa jambe était prise dans le lourd bloc de chêne et de ferrures, et elle s'affaissa sur le brodequin, plus brisée qu'une abeille qui aurait un plomb sur l'aile. (ND:312)

Wenn man nun weiss, dass dieser „effrayant appareil", dieser „lourd bloc de chêne et de ferrures" ein Folterinstrument ist, dann überrascht umso mehr, wie stark ihm der „appareil" gleicht, den Charles und Homais für Hippolyte anfertigen lassen. Dieser soll ja eigentlich zur Genesung des Fusses beitragen, ist aber dennoch, ganz abgesehen vom Schaden, den er schliesslich anrichtet, ein fast noch furchteinflössenderes Ungetüm als der „brodequin" selbst.

> Avec les conseils du pharmacien, et en recommençant trois fois, il [Charles] fit donc construire par le menuisier, aidé du serrurier, une manière de boîte pesant huit livres environ, et où le fer, le bois, la tôle, le cuir, les vis et les écrous ne se trouvaient point épargnés. (MB:451–452)

Es ist bekannt, dass Flaubert zur Vorbereitung seiner Klumpfuss-Passage Vincent Duvals *Traité pratique du pied-bot* gelesen hat.[30] Am 7. April 1854 schreibt er dazu an Louise Collet:

> J'ai hier passé toute ma soirée à me livrer à une chirurgie furieuse. J'étudie la théorie des pieds bots. J'ai dévoré en trois heures tout un volume de cette intéressante littérature et pris des notes. (CORR II:544)

Und auch Charles stürzt sich in die Lektüre von Duvals Werk, bevor er sich an Hippolytes Pferdefuss wagt:

> Il fit venir de Rouen le volume du docteur Duval, et, tous les soirs, se prenant la tête entre les mains, il s'enfonçait dans cette lecture. (MB:451)

Florence Emptaz zeigt in ihrem Artikel „Gustave Flaubert apprenti orthopédiste" (2001), wie zahlreich und klar sichtbar die Spuren sind, die der *Traité pratique du pied-bot* in *Madame Bovary* hinterlassen hat. Flaubert folgt teilweise wortwörtlich Duvals Ausführungen, benutzt sein medizinisches Vokabular und seine Wendungen, so dass sich jede einzelne Phase von Charles Behandlung auf eine Stelle im *Traité pratique* zurückführen lässt – mit einer einzigen Ausnahme. Bei der Beschreibung des medizinischen Apparats, so Emptaz, hält sich Flaubert ganz und gar nicht an Duvals Vorgaben. Weder Benennung noch Aussehen, weder Gewicht noch Bestandteile der „fameuse machine" entsprechen dem Inhalt der acht Seiten, die Duval diesem Thema widmet, und Emptaz kommt zum Schluss, dass Flaubert Duvals „appareil" absichtlich umbaut, um daraus eine Foltermaschine zu entwickeln. Charles soll Hippolytes Fuss nämlich unwissentlich mit dem „brodequin" schinden (Emptaz 2001:232–233).

Diese Folgerung von Emptaz zusammen mit der weiter oben beobachteten Ähnlichkeit von Hippolytes „appareil" mit Esmeraldas „brodequin" legen nun natürlich den Verdacht nahe, dass Flaubert bei der Konstruktion seines medizinischen Apparats vielmehr Hugos Beschreibung als Duvals Anweisungen gefolgt sein könnte – nach Hugos Plänen hat er nämlich auch den Rest seiner Klumpfuss-Passage gebaut, Duval lieferte ihm dazu nur das nötige technische Wissen.

Schaut man sich die beiden Szenen, Esmeraldas Folter und Hippolytes Operation nebeneinander an, so fällt zuerst auf, dass beide

Eingriffe kaum eine Sekunde dauern. Die zwei, drei Zeilen, die sie erzählen, machen im Verhältnis zum Text, der sie vorbereitet – zur Beschreibung der Folterinstrumente in der einen, der medizinischen Ausrüstung in der anderen – einen verschwindend kleinen Teil der jeweiligen Kapitel aus. So kann Pierrat Torterue kaum am Hebel des „brodequin" drehen, da schreit Esmeralda bereits auf und will alles gestehen. Mehr braucht es auch nicht. Wie Hugo nämlich das Rattern und Knirschen, Knicken und Knarren, das man im Folterkeller hört, wenn Pierrat am Hebel zu drehen beginnt, durch eine Häufung der rasselnden und knackenden Laute [p], [b], [r], [t], [d] und [k] den Leser mithören lässt, macht diesem schon eine Gänsehaut.

> Pierrat tourna la poignée du cric, le brodequin se resserra, et la malheureuse poussa un de ces horribles cris qui n'ont d'orthographe dans aucune langue humaine. (ND:312)

Und genau gleich geht auch Flaubert vor, wenn Charles das Skalpell ansetzt. Hier hört der Leser das Knacken, mit dem Hippolytes Achillessehne durchtrennt wird. Flaubert setzt in dichter Folge die trockenen Plosive [p] und [k], und die kurzen, abgehackten Sätze, in die er sie packt, tun das ihrige zur Vertonung von Charles kurzem Skalpellstich.

> Charles piqua la peau; on entendit un craquement sec. Le tendon était coupé, l'opération était finie. (MB:452)

Bei beiden, bei Hippolyte und bei Esmeralda, scheint die Verletzung, die der Fuss durch den jeweiligen Eingriff erlitten hat, nicht schlimm zu sein. Sie sollten später wieder tanzen können. Das bestätigt Charmolue Esmeralda gleich nachdem man sie aus dem „brodequin" befreit hat, „« Allons! dit-il, il n'y a pas grand mal. Vous avez crié à temps. Vous pourriez encore danser, la belle! »" (ND:314), und Homais schreibt in seinem Artikel über die Operation im „*Fanal de Rouen*", beim nächsten Dorffest werde man dem vollkommen genesenen Hippolyte wohl schon wieder bei bachischen Tänzen zusehen können (MB:454). Wenn Charmolue die Möglichkeitsform, „vous pourriez encore danser", verwendet, so nimmt er damit bereits vorweg, dass es nicht dazu kommen wird. Esmeralda hat mit ihrem

Geständnis ihr eigenes Todesurteil gesprochen. Sie wird öffentlich hingerichtet werden. Homais allerdings weiss noch nicht, dass Hippolyte nie mehr tanzen wird. Er ahnt nicht, dass die kleine Operation am Anfang einer traurigen Entwicklung steht, an deren Ende Hippolyte der Fuss amputiert wird; und diese Amputation wird dann von den Bürgern von Yonville ebenfalls, wie Esmeraldas öffentliche Hinrichtung, wie eine „execution capitale", verfolgt.

> Ce fut dans le village un événement considérable que cette amputation de cuisse par le docteur Canivet! Tous les habitants, ce jour-là, s'étaient levés de meilleure heure, et la Grande-Rue, bien que pleine de monde, avait quelque chose de lugubre comme s'il se fût agi d'une exécution capitale. (MB:458)

Gleich nach der kleinen Operation geht es Hippolyte aber noch ganz gut. Sein Martyrium beginnt erst, als man ihm den Fuss in den „moteur mécanique" einspannt. Nach fünf Tagen ist die Katastrophe, die Charles und Homais angerichtet haben, ein erstes Mal zu sehen; und so, aus ihrem Kontext gelöst, liest man nun tatsächlich eine Folterszene, und der „moteur mécanique" spielt in ihr die Rolle des „brodequin".

> Il se tordait, le stréphopode, dans des convulsions atroces, si bien que le moteur mécanique où était enfermée sa jambe frappait contre la muraille à la défoncer.
> Avec beaucoup de précautions, pour ne pas déranger la position du membre, on retira donc la boîte, et l'on vit un spectacle affreux. Les formes du pied disparaissaient dans une telle bouffissure, que la peau tout entière semblait près de se rompre, et elle était couverte d'ecchymoses occasionnées par la fameuse machine. Hippolyte déjà s'était plaint d'en souffrir; on n'y avait pris garde; il fallut reconnaître qu'il n'avait pas eu tort complètement et on le laissa libre quelques heures. Mais à peine l'œdème eut-il un peu disparu, que les deux savants jugèrent à propos de rétablir le membre dans l'appareil, et en l'y serrant davantage, pour accélérer les choses. (MB:454–455)

Dieses letzte, noch stärkere Anziehen des Apparats, mit dem Charles und Homais Hippolytes Fuss schliesslich derart schinden, dass er amputiert werden muss, entspricht nun genau dem Moment, in dem

Charmolue und Pierrat Esmeraldas Fuss im „brodequin" zusammenquetschen. Es ist die Szene, die man noch vor hundertfünfzig Jahren, in Notre-Dame in Paris auf Heims Bild sehen konnte, auf dem die zwei Henkersknechte dem heiligen Hippolyt die Füsse zusammenzurren und dabei kräftig an den Riemen ziehen.[31]

Bei allen Übereinstimmungen, bei allen Parallelen, die Flaubert von seinen Zeilen aus bis durch die letzten Details von Esmeraldas Folterung, und damit in eine weitere zentrale Stelle von Hugos Roman zieht, fällt in der Klumpfuss-Episode einmal mehr auf – genau wie wenn Rodolphe seinen Brief verfasst oder wenn die „pièce montée" aufgetragen wird – wie konsequent Flaubert von der Vorlage seines Dichterkollegen abweicht, wie wichtig es ihm ist, Hugos Szene zu verdrehen, zu kippen und in ihre Antithese laufen zu lassen. Auch wenn Charles Methoden stark an mittelalterliche Folterpraktiken erinnern, so haben sie doch ursprünglich zum Ziel, Hippolytes Fuss zu kurieren, nicht wie bei der Behandlung mit dem „brodequin", dessen primäre Aufgabe, auch wenn er schliesslich keinen Schaden anrichtet, darin besteht, den Fuss zu verunstalten. Das Foltergerät und die Fussschiene, zu diametral entgegengesetzten Zwecken hergestellt, gleichen sie sich nicht nur im Aussehen, sondern eben auch darin, dass sie ihrer eigentlichen Bestimmung nicht nachkommen. Statt den Fuss zu schinden, lässt ihn der eine „appareil" unversehrt, statt ihn zu heilen, beschädigt ihn der andere derart, dass er amputiert werden muss. Und auch die zwei Füsse, um die es geht, könnten unterschiedlicher nicht sein: der eine ist ein Pferde-, ein hässlicher Klumpfuss, der andere ein hübscher Mädchenfuss, der Claude Frollo, gerade dann, wenn er an die Folterszene zurück denkt, noch lange den Schlaf rauben wird.

> Il la [Esmeralda] revoyait déshabillée par les mains sauvages des tortionnaires, laissant mettre à nu et emboîter dans le brodequin aux vis de fer son petit pied, sa jambe fine et ronde, son genou souple et blanc. (ND:380)

Während Hippolytes Klumpfuss unweigerlich an Quasimodo denken lässt, träumt Frollo hier von Esmeraldas „petit pied", wie auch Flauberts Männerfiguren immer wieder von Emmas Füssen fasziniert sind. Und von den Verbindungen, die Flaubert zwischen

Hugos Esmeralda und seine Emma geknüpft hat, muss nun berichtet werden. In ihnen beginnt sich nämlich langsam abzuzeichnen, worum es Flaubert mit seinen seitenverkehrten Hugo-Zitaten denn wirklich gehen könnte.

6.
DIE SPINNE IN DER DACHLUKE

Die doppelte Djali. Der verleugnete Kapitän. Ah! Ih! Oh! – Djali, Djalioh, Quasimodo und Charbovari. Die Spinne in der Dachluke.

Schon bald nach ihrer Hochzeit, kaum ist sie bei ihm eingezogen, beginnt Emma zu ahnen, dass sie Charles nicht liebt. Die Romane, die sie gelesen hat, haben ihr mehr von der Liebe versprochen; und sie versucht nun zu ergründen, was denn die Worte „*félicité*", „*passion*" und „*ivresse*", die ihr dort so schön erschienen, überhaupt genau bedeuten (MB:322). – Es folgt das berühmte sechste Kapitel des ersten Teils, in dem es um die Bücher geht, die Emma im Kloster unter der Bettdecke verschlungen hat. In diesen Büchern gibt es nichts als Liebesabenteuer, Liebhaber und Liebhaberinnen, heisst es, verfolgte Damen, die in einsamen Pavillons ohnmächtig werden, Postillione, die man bei jedem Pferdewechsel ermordet, auf allen Seiten kommen Pferde vor, die man zu Schanden reitet, finstere Wälder, Herzensqualen, Schwüre, Schluchzen, Weinen und Küssen, Nachen im Mondschein, Nachtigallen in den Büschen, Herren tapfer wie Löwen und sanft wie Lämmer, tugendhaft wie man es nicht ist, immer schön angezogen und leicht zu Tränen zu rühren (MB:324–325) – und im Vergleich mit ihnen, das ist klar, hat Charles einen schweren Stand. Er ist alles andere als ein romantischer Held. Er ist ein Langweiler, trägt grobe Kleidung und bietet Emma auch keine Hochzeitsreise in die Länder mit den klangvollen Namen, wie sie sich das wünschen würde, keine Fahrten in Postkutschen mit blauseidenen Vorhängen, Postillions-Gesang, tosenden Wasserfällen und dem Duft von Zitronenbäumen (MB:327–328). Auch was er redet, heisst es später, ist platt wie ein Strassen-Trottoir, und die Allerweltsideen gehen darauf in ihrer Alltagsbekleidung auf und ab, ohne Rührung, Lachen oder Träumerei anzuregen (MB:328). Das alles und noch viel mehr geht Emma zu Beginn des siebten Kapitels durch den Kopf. Was sie von

Charles und ihrer Ehe denkt, erscheint dabei unweigerlich vor dem Hintergrund ihrer zuvor, im sechsten Kapitel, geschilderten Lektüre im Kloster, und den davon übrig gebliebenen, falschen Erwartungen an das reale Leben. Und vielleicht, heisst es dann, hätte sie all diese Dinge irgend jemandem anvertrauen wollen (MB:328).

Dieser jemand tritt drei Seiten später in ihr Leben, und zwar in Form einer „levrette d'Italie", einem kleinen italienischen Windhund. Ein Jagdhüter, den Charles von einer Lungenentzündung geheilt hat, schenkt ihn ihr, und Emma nennt ihre „levrette" Djali, wie die Ziege von Esmeralda.

Im Kapitel zu Emmas Lektüre im Kloster wird *Notre-Dame de Paris* nicht wie andere Romane explizit genannt, der Name Djali ist bis hier der einzige Hinweis darauf, dass Emma auch Hugo gelesen hat, aber es ist ein deutlicher Hinweis – und so deutliche Hinweise gibt Flaubert nicht ohne Absicht. So ist es auch kein Zufall, dass Esmeraldas „chevrette Djali" bei ihm zur klanglich gleich neben der „chevrette" liegenden „levrette Djali" wird, und interessant ist nun, wofür Flaubert seinen kleinen Windhund benutzt.

Djalis Auftritt im Roman ist nur von kurzer Dauer. Sie kommt, verteilt über dreissig Seiten, gerade mal an drei Stellen vor.

Zuerst zu ihrer zweiten Erwähnung, es ist ein einziger Satz. Einmal mehr hat man Emmas Gedanken zum armseligen Charles und dazu, was die Liebe doch eigentlich sonst noch zu bieten hätte, erfahren, als es heisst:

> Elle [Emma] faisait bien des confidences à sa levrette! (MB:348)

Flaubert nimmt hier ziemlich offensichtlich Bezug auf das erste Kapitel des siebten Buchs von *Notre-Dame de Paris*. Wie Emma, die ihre heimlichen Gedanken ihrem Windhund verrät, vertraut sich nämlich auch Esmeralda gern ihrer Ziege an. Das Kapitel heisst „Du danger de confier son secret à une chèvre" (ND:235–249) und erzählt, wie Esmeraldas Geheimnis, ihre heimliche Liebe zum Capitaine Phœbus durch Djali verraten wird.

Wie Emma ist auch Esmeralda verheiratet, mit Pierre Gringoire, und wie Emma liebt auch sie ihren Mann nicht. Sie hat ihn nur genommen, weil er sonst, im sechsten Kapitel des zweiten Buches, gelyncht worden wäre. Im Gegensatz zu Emma bedeutet ihr die Ehe allerdings keine Last, sie lebt ihr Leben wie zuvor. Was sie bedrückt, ist vielmehr ihre heimliche Liebe zum Capitaine Phœbus, und von ihr erzählt sie Djali. Während also Esmeralda ihrer „chevrette" anvertraut, dass sie Phœbus liebt, vertraut Emma ihrer „levrette" an, dass sie Charles nicht liebt. Wovon sie träumt, ist ein Liebhaber, wie er in ihren Romanen steht, von einem Mann der schön, geistreich, vornehm und anziehend wäre. Sie wird ihn als Rodolphe kennenlernen. Und in diesem erhofften Liebhaber stimmen die ausgeplauderten Wunschträume der beiden Frauen überein – mehr als man zunächst vermuten würde.

Rodolphe verdankt seinem literarischen Vorbild Phœbus einiges. So ist auch er ein skrupelloser Frauenheld, der seine Geliebte schamlos ausnützt, sie danach fallen lässt und dadurch eine Kette von Ereignissen auslöst, an deren Ende der Tod der ehemaligen Geliebten steht. Der Capitaine ist an Esmeraldas Hinrichtung genauso mitschuldig wie Rodolphe an Emmas Suizid.

Dass aber Flaubert, wenn er Rodolphe entwirft, tatsächlich Phœbus vor Augen hat, legt bereits das erste „scénario" (SCN:1–4), der erste Entwurf zu *Madame Bovary*, nahe. Rodolphe heisst dort nämlich noch nicht Rodolphe. Dort ist er, wie Phœbus, „le Capitaine" (SCN:2). In der definitiven Version des Romans wird er nie mehr so genannt – mit einer einzigen Ausnahme. Als Léon wissen will, was ihr früherer Liebhaber denn gewesen sei, lügt Emma:

> Le jeune homme la crut, et néanmoins la questionna pour savoir ce qu'il faisait.
> «Il était capitaine de vaisseau, mon ami.»
> N'était-ce pas prévenir toute recherche, et en même temps se poser très haut par cette prétendue fascination exercée sur un homme qui devait être de nature belliqueuse et accoutumé à des hommages? (MB:536)

In Emmas Lüge ist Rodolphe noch der „capitaine"; und auch der Grund, weshalb sie ihn einen „capitaine" sein lässt, wird explizit genannt. Sie will Nachforschungen bezüglich seiner wahren Identität zuvorkommen, und bei Léon gelingt ihr das ja auch. Er glaubt ihr. Die Ironie liegt also darin, dass gerade diese erzählte Lüge, die

Rodolphes Identität vertuschen soll, ans Licht bringt, wer er wirklich ist. Was in der Romanwelt Geflunker ist, erweist sich in der Welt des Intertexts als die Wahrheit. Rodolphe ist „le capitaine". Wer hier wirklich schwindelt, ist Flaubert, der die Wahrheit, die Emma spricht, als Lüge erscheinen lässt. Und im Kontext dieser verkehrten Welt, wo eine gelogene Lüge die Wahrheit spricht, muss auch die Begründung „prévenir toute recherche" gesehen werden. Was Emmas Lüge tatsächlich bewirken soll, ist genau das Gegenteil davon; sie soll zu Recherchen zu Rodolphe anregen, aber eben nicht die Romanfiguren, sondern den Leser.

Das mag nun gewagt erscheinen. Rodolphe, noch vor kurzem, wenn er seinen Brief schreibt, als anagrammatischer Namensvetter von Frollo entlarvt, soll nun plötzlich zusätzlich mit dem „capitaine Phœbus" zu tun haben. Dass Flaubert einer Figur gleich mehrere Rollen auf den Leib schreibt, scheint unwahrscheinlich und wird im Fall des „capitaine" noch weiter zu erläutern sein. Dass solche Doppel-Bezüge in Flauberts Werk aber durchaus vorkommen, zeigt ein anderes Beispiel, das wieder mit Djali zu tun hat, um die es hier ja immer noch gehen soll.

Der Name Djali taucht bei Flaubert nicht zum ersten Mal in *Madame Bovary* auf. Schon in seiner Jugendschrift «*Quidquid volueris*» trifft man auf ihn, wenn auch in leicht abgeänderter Form.

«*Quidquid volueris*» erzählt die Geschichte des Affenmenschen Djalioh. Seine Mutter war eine schwarze Sklavin, sein Vater ein Orang-Utan; und Djalioh, halb Mensch, halb Affe, ist nun ein schrecklich anzusehendes Ungeheuer mit einer zarten Seele. Verliebt in die schöne Ehefrau seines Freundes M. Paul, Adèle, leidet er zunächst stumm. Je klarer ihm aber bewusst wird, dass eine erlebte Liebe, wie er sie zwischen Paul und Adèle beobachtet, für ihn, das Monster, ein Wunschtraum bleiben muss, desto finsterer werden seine Gedanken, bis er zum Schluss der Erzählung zuerst das Kind der Beiden erschlägt und danach, in einem Exzess sexueller Gewalt, Adèle vergewaltigt, erwürgt und sich schliesslich selbst das Leben nimmt.

Djalioh, und das hat Roger Bismut (1987) ausführlich gezeigt, erinnert in den verschiedenen Portraits, die der junge Flaubert von ihm zeichnet, stark an Quasimodo.[32] Flaubert assoziiert ihn zu den gleichen Tieren, die auftauchen, wenn Hugo sein Monster beschreibt. Auch das Gemischte, Heterogene, Unvereinbare spielt in Djaliohs Beschreibungen die gleich wichtige Rolle wie schon zuvor bei Quasimodo (oder später in Charles „casquette"). Und wie Quasimodo, der immer wieder mit den steinernen Ungeheuern in Verbindung gebracht wird, die einen an der Fassade von Notre-Dame das Fürchten lehren, wird auch Djalioh einmal mit einem steinernen Monster verglichen, das in einer Nische über seinem Kopf steht. Die Stelle aus Flauberts Erzählung liest sich wie ein Pastiche auf *Notre-Dame de Paris*. Als Djalioh am Hochzeitsball von Paul und Adèle die Braut und den Bräutigam neben einander sieht, wird ihm plötzlich schwindlig:

> Il [Djalioh] chancela et s'appuya dans une niche de saint, vide en grande partie. Une figure seule restait, elle était grotesque et horrible à faire peur.
> [...]
> Djalioh était là debout, immobile et muet, sans qu'on remarquât ni la pâleur de sa face ni l'amertume de son sourire, car on le croyait indifférent et froid comme le monstre de pierre qui grimaçait sur sa tête; et pourtant la tempête régnait en son âme et la colère couvait dans son cœur comme les volcans d'Islande sous leurs têtes blanchies par les neiges. Ce n'était point une frénésie brutale et expansive, mais l'action se passait intimement, sans cris, sans sanglots, sans blasphèmes, sans effort; il était muet et son regard ne parlait pas plus que ses lèvres, son œil était de plomb et sa figure était stupide. (QQV:252)

Während Flauberts Affenmensch physisch zweifellos Quasimodo nachempfunden ist, überrascht in dieser Passage, was zu seiner Psyche gesagt wird. Erinnern diese unterdrückten, im Innern gehaltenen Gefühle nicht stark an Claude Frollos Unvermögen Emotionen zu zeigen, wie es beschrieben wird, nachdem er sein „ΑΝΑΓΚΗ" in den Stein graviert hat? Wie im unglücklich in Esmeralda verliebten Frollo tobt auch in Djalioh ein innerer Sturm von Emotionen, den man zuerst von aussen nicht erkennt, der aber im Verlauf der Erzählung immer stärker wütet, bis er mit voller Wucht ausbricht, mit all seiner verheerenden Zerstörungskraft. Und in beiden Stellen wird dieser Zustand grösster, im Körper gefangener seelischer Erregung, mit einem im Innern wütenden Vulkan verglichen, der unter einer Schneekuppe liegt. Bei Hugo ist es die „lave bouillante, furieuse et profonde sous le front de neige de l'Etna" (ND:268–269), bei Flaubert sind es „les volcans d'Islande sous leurs têtes blanchies par les neiges."[33]

Djalioh ist nicht nur ein Gemisch aus Mensch und Affe, er ist auch ein Gemisch aus Quasimodo, Frollo, und, was seinen Namen betrifft, Djali. Allerdings hat Flaubert den Namen der Ziege nicht unverändert übernommen. Er hat ihm ein finales „-oh" angehängt, das ihn lautlich in die Nähe von Quasimodo rückt. Djalioh und Quasimodo enthalten die gleichen drei Vokale *a, i* und *o* – wie übrigens auch „*Charbovari*", ein Detail, das natürlich auch in der Beziehung von Charles zu Quasimodo seine Rolle spielt.

Der Name Djali ist neben unzähligen geheimen Gängen, eine der wenigen von weit her sichtbaren Brücken, die Flaubert zu *Notre-Dame de Paris* gebaut hat, und wo er auftaucht, da lohnt es, die umliegenden Wortfelder zu inspizieren.

Wir kommen zur ersten Stelle, in der „Djali" vorkommt. Emma hat ihren Windhund soeben vom genesenen Jagdhüter bekommen, als es heisst, sie nehme ihn nun mit auf ihre Spaziergänge, um eine Weile allein zu sein und nicht ewig den Garten und die staubige Landstrasse vor Augen zu haben. Es sind die Spaziergänge zur „hêtraie" von Banneville (MB:331–332), jener Stelle im Roman, wo Emmas herum schweifende Gedanken mit dem herum flitzenden Windhund verglichen werden.[34] Er zieht Kreise in der Landschaft, kläfft hinter gelben Schmetterlingen her, jagt Spitzmäuse oder knabbert am Klatschmohn am Rand eines Getreidefeldes. Und genau so lässt Flaubert auch Emmas Gedanken sich zuerst in langen, sich weitenden untergeordneten Nebensätzen verlieren, um sie danach, nun im Rhythmus der Parataxe, auf den einen, zentralen Punkt, den Fehler ihrer Heirat zurück zu führen. Emma sitzt jetzt im Gras. Sie stochert mit der Spitze ihres Sonnenschirms darin herum und wiederholt für sich immer wieder: „« Pourquoi, mon Dieu! me suis-je mariée? »" (MB:331). Georges Poulet hat sehr schön gezeigt, wie Flaubert die Kreis-Metapher dazu benutzt den mentalen Raum erlebbar zu machen, den Emmas Gedanken durchlaufen, bis sie schliesslich in dessen Zentrum, markiert durch die Schirmspitze, vordringt

(1961:376–378). Hier interessiert aber, was nachher kommt, die Dinge, die Emma in den darauf folgenden Abschnitten durch den Kopf gehen.

Emma fragt sich, ob es nicht möglich gewesen wäre, durch andere Fügung des Schicksals, einem anderen Mann zu begegnen. Sie versucht sich vorzustellen, was diese ungeschehenen Ereignisse, wie dieses andere Leben und wer dieser Mann hätten sein können. Dabei kommen ihr ihre ehemaligen Mitschülerinnen in den Sinn und sie malt sich aus, wie diese mit ihren bestimmt schönen, geistreichen, vornehmen und anziehenden Männern ein aufregendes Leben in der Stadt, im Theater und in Ballsälen führen. Ihr eigenes Leben nimmt sich daneben ganz düster aus:

> Mais elle, sa vie était froide comme un grenier dont la lucarne est au nord, et l'ennui, araignée silencieuse, filait sa toile dans l'ombre à tous les coins de son cœur. (MB:332)

Es ist ein ungeheures Bild, das Emma von ihrem (Ehe-)Leben hat.[35] Kalt wie ein Estrich ist es, dessen Luke nach Norden geht, in den also das Licht nur von Norden dringt, aus dem man nur nach Norden sieht. In diesem Bild wird die Langeweile zur lautlosen Spinne, die ihre Netze in allen Winkeln ihres Herzens webt, im Schatten, dort, wo man sie kaum sieht, und wo man sich leicht in ihnen verfangen kann. – Und wie ihre falschen Erwartungen an das reale Leben von den Büchern geprägt sind, die sie im Kloster gelesen hat, setzt sich auch dieses ungeheure Bild aus Elementen zusammen, die sie in einem Roman gefunden hat.

Zehn Seiten nachdem er das Wort „ἈΝΑΓΚΗ" in eine Nische von Notre-Dame geritzt hat, hält Claude Frollo mitten in einem Gespräch mit Jacques Charmolue inne. Er hört ihm nicht mehr zu und beobachtet stattdessen eine Szene, die sich knapp über ihren Köpfen abspielt. Was er, der unglückliche Unglücksbringer sieht, scheint ihm ein Sinnbild des Ganzen, „un symbole de tout". Und in diesem Sinnbild spielen eine „lucarne", eine „toile d'araignée" und die „araignée" selbst eine wichtige Rolle. Sie werden einer kleinen Fliege zum Verhängnis, und diese Fliege steht in Frollos Bild unter anderem stellvertretend für die Tänzerin Esmeralda:

Dom Claude, abîmé en lui-même, ne l'écoutait plus. Charmolue, en suivant la direction de son regard, vit qu'il s'était fixé machinalement à la grande toile d'araignée qui tapissait la lucarne. En ce moment, une mouche étourdie qui cherchait le soleil de mars vint se jeter à travers ce filet et s'y engluea. À l'ébranlement de sa toile, l'énorme araignée fit un mouvement brusque hors de sa cellule centrale, puis d'un bond elle se précipita sur la mouche, qu'elle plia en deux avec ses antennes de devant, tandis que sa trompe hideuse lui fouillait la tête. « Pauvre mouche ! » dit le procureur du roi en cour d'église, et il leva la main pour la sauver. L'archidiacre, comme réveillé en sursaut, lui retint le bras avec une violence convulsive. « Maître Jacques, cria-t-il, laissez faire la fatalité ! »

Le procureur se retourna effaré. Il lui semblait qu'une pince de fer lui avait pris le bras. L'œil du prêtre était fixe, hagard, flamboyant, et restait attaché au petit groupe horrible de la mouche et de l'araignée.

« Oh ! oui, continua le prêtre avec une voix qu'on eût dit venir de ses entrailles, voilà un symbole de tout. Elle vole, elle est joyeuse, elle vient de naître ; elle cherche le printemps, le grand air, la liberté ; oh ! oui, mais qu'elle se heurte à la rosace fatale, l'araignée en sort, l'araignée hideuse ! Pauvre danseuse ! pauvre mouche prédestinée ! Maître Jacques, laissez faire ! c'est la fatalité ! – Hélas ! Claude, tu es l'araignée. Claude, tu es la mouche aussi ! – Tu volais à la science, à la lumière, au soleil, tu n'avais souci que d'arriver au grand air, au grand jour de la vérité éternelle ; mais, en te précipitant vers la lucarne éblouissante qui donne sur l'autre monde, sur le monde de la clarté, de l'intelligence et de la science, mouche aveugle, docteur insensé, tu n'as pas vu cette subtile toile d'araignée tendue par le destin entre la lumière et toi, tu t'y es jeté à corps perdu, misérable fou, et maintenant tu te débats, la tête brisée et les ailes arrachées, entre les antennes de fer de la fatalité ! – Maître Jacques ! maître Jacques ! laissez faire l'araignée.

- Je vous assure, dit Charmolue qui le regardait sans comprendre, que je n'y toucherai pas. Mais lâchez-moi le bras, maître, de grâce ! vous avez une main de tenaille. »

L'archidiacre ne l'entendait pas. « Oh ! insensé ! reprit-il sans quitter la lucarne des yeux. Et quand tu l'aurais pu rompre, cette toile redoutable, avec tes ailes de moucheron, tu crois que tu aurais pu atteindre à la lumière ! Hélas ! cette vitre qui est plus loin, cet obstacle transparent, cette muraille de cristal plus dur que l'airain qui sépare toutes les philosophies de la vérité, comment l'aurais-tu franchie ? Ô vanité de la science ! que de sages viennent de bien loin en voletant s'y briser le front! que de systèmes pêle-mêle se heurtent en bourdonnant à cette vitre éternelle!» (ND:278–279)

Frollos Sinnbild der „fatalité", die Spinne, die die kleine Fliege in ihrem durchsichtigen Netz fängt, wird zur Leitmetapher in *Notre-Dame de Paris*.[36] Die Fliege, Frollos Gleichstellung der „pauvre mouche" und der „pauvre danseuse" sagt es, steht hier auch für Esmeralda; und sie wird später, wenn das verhängnisvolle Schicksal der „égyptienne" seinen Lauf nimmt, immer wieder auftauchen, um dem Leser die grausige Szene, die Frollo nicht verhindert hat, in Erinnerung zu rufen. So heisst es, als Pierrat Torterue mit der Folter an Esmeralda beginnt:

> Si l'archidiacre eût été présent, certes, il se fût souvenu en ce moment de son symbole de l'araignée et de la mouche. (ND:312)

Auch in Esmeraldas Todesszene kehrt dieses Bild wieder. Esmeralda wird öffentlich gehängt, und der Henker kauert sich dabei mit beiden Füssen auf ihre Schultern, um ihr Gewicht am Galgen zu vergrössern. Claude Frollo beobachtet das schreckliche Ereignis von hoch oben von Notre-Dame aus:

> Le prêtre de son côté, le cou tendu, l'œil hors de la tête, contemplait ce groupe épouvantable de l'homme et de la jeune fille, de l'araignée et de la mouche. (ND:494)

Auf ihrem Weg zum Licht geht Esmeralda der verhängnisvollen Spinne ins Netz, in die „rosace fatale". Sie will zur Sonne, die durch die Dachluke scheint, zu Phœbus eben, dessen Name, und das verrät ihr Pierre Gringoire, auf lateinisch nichts anderes als Sonne heisst.[37] Esmeralda weiss nicht, dass Phœbus für sie eine unerreichbare Liebe bedeutet. Wie die Fliege in Frollos Bild sieht sie die Scheibe in der Dachluke nicht, die zwischen ihr und dem Himmel steht und verfängt sich, noch bevor sie auf diese unsichtbare Mauer stossen kann, im Spinnennetz.

„Laissez faire la fatalité!" ruft Frollo, oder eben „laissez faire l'araignée". In seinem „symbole de tout" sind „fatalité" und „araignée" austauschbare Begriffe. Und dieselbe „araignée" deren griechische Übersetzung „arachné" lautlich gleich neben „ananké" liegt, Victor Brombert zieht die Parallele (1984:50), spinnt nun eben auch in *Madame Bovary* ihr gefährliches Netz.[38]

Eben noch stand sie nur in Emmas Gedanken als „araignée silencieuse" für Emmas „ennui", die sich in allen Winkeln ihres Herzens einnistet, aber sie wird im Verlauf des Romans aus ihren Ecken hervor kriechen und langsam und lautlos beginnen in Emmas Leben die Fäden zu ziehen.

Eigentlich hat sie längst damit begonnen und einmal hat man ihre Fäden auch schon gesehen, aber ihr transparentes, an dieser Stelle tatsächlich aus Licht gesponnenes Netz, war kaum zu erkennen. An einem heissen Nachmittag kommt Charles gegen drei Uhr nach les Bertaux. Er tritt in die Küche, bemerkt aber Emma zunächst nicht.

> Par les fentes du bois, le soleil allongeait sur les pavés de grandes raies minces, qui se brisaient à l'angle des meubles et tremblaient au plafond. Des mouches, sur la table, montaient le long des verres qui avaient servi, et bourdonnaient en se noyant au fond, dans le cidre resté. (MB:310–311)

Noch scheint es, als hätte Emma die Fäden in der Hand. Als Charles eintritt, ist das sogar wortwörtlich der Fall, sie ist gerade am Nähen. Sie legt die Arbeit beiseite und lädt ihn ein, ein Glas Curaçao zu trinken, und es kommt zu jener bereits gelesenen Szene, in der Emma zum Schluss zwischen ihren aufgestülpten Lippen hindurch den Boden ihres Liqueur-Glases ausleckt. Charles ist fasziniert, und wie bei den Fliegen, die in den Apfelweinresten ertrinken, die in den Gläsern geblieben sind, tut der Alkohol wohl auch bei ihm seine gefährliche Wirkung. Er geht der Spinne ins Netz, und Emma, die inzwischen ihre Näharbeit wieder aufgenommen hat, wickelt nun den jungen Landarzt langsam ein. Der arme Kerl tut in dieser Nacht kein Auge zu, und am Abend nimmt er für sich all die Sätze, die Emma gesagt hat, noch einmal durch. Er kann an nichts anderes denken als an sie, und etwas Monotones, wie das Brummen eines Kreisels tönt ihm schliesslich im Ohr: „« Si tu te mariais, pourtant! si tu te mariais!»" (MB:312)

Emmas Frage „« Pourquoi, mon Dieu, me suis-je mariée?»" (MB:331) wird später wie das verzerrte Echo von Charles verlockendem Gedanken tönen, und aus dem Netz aus Lichtfäden auf dem Küchenboden von les Bertaux sind dann auch schon die Spinnweben geworden, die die Langeweile, diese lautlose Spinne, in allen Winkeln von Emmas Herz webt.

Gegen Ende des Romans, wenn Emma versucht bei allen möglichen Leuten Geld aufzutreiben, um ihre immensen Schulden zu begleichen, taucht die Spinne immer wieder auf. Emma weiss nicht mehr ein noch aus, als sie bei der „nourrice" ins Haus stürmt und sich weinend auf das Bett stürzt:

> « Mère Rolet, dit-elle en arrivant chez la nourrice, j'étouffe! délacez-moi. »
> Elle tomba sur le lit; elle sanglotait. La mère Rolet la couvrit d'un jupon et resta debout près d'elle. Puis, comme elle ne répondait pas, la bonne femme s'éloigna, prit son rouet et se mit à filer du lin. (MB:571)

Das Spinnenthema wird nun in all seinen Facetten erkennbar. Zuerst soll die „mère Rolet" Emma noch auf- oder eben los-schnüren, die „mère Rolet", die den „rouet", das Spinnrad, genauso im Namen trägt wie Emma selbst, die ledig Rouault hiess.[39] Dann nimmt die Amme tatsächlich ihr Spinnrad und beginnt zu spinnen, und Emma liegt nun auf dem Rücken auf dem Bett und starrt an die Wand.

> Elle contemplait les écaillures de la muraille, deux tisons fumant bout à bout, et une longue araignée qui marchait au-dessus de sa tête dans la fente de la poutrelle. (MB:571)

Und wie hier, kurz vor Emmas Todesszene, spinnt die Spinne ihr Netz auch kurz danach. Als Charles Emma betrachtet, wie sie tot auf dem Bett liegt, fällt ihm an ihren Augen etwas Seltsames auf.

> [...] ses yeux commençaient à disparaître dans une pâleur visqueuse qui ressemblait à une toile mince, comme si des araignées avaient filé dessus. (MB:593)

Wie Charmolue, den Frollo zurück hält, als er die Fliege aus dem Spinnennetz befreien will, kann auch Charles Emma nicht vor ihrem Schicksal retten, Emma, deren Name sich genauso in Esmeralda wiederfindet, wie Charles Name in Charmolue mittönt.

Die Spinne ist bei Emmas Tod dabei, und wie gesehen, ist sie es eben auch, wenn Esmeralda stirbt. Und diese beiden Sterbeszenen müssen nun nebeneinander gelesen werden.

7.
Vergiftet und Erwürgt

Der Roman im Bild im Roman: Esmeralda und Emma werden belästigt. Zwei Kinderschuhe: Berthe und Esmeralda erkennen ihre wahre Mutter. Zwei letzte Umarmungen: Quasimodos Ende mit Schrecken und Charles Schrecken ohne Ende. Zwei Frauen ersticken: Esmeraldas und Emmas Tod. Und was das alles mit Arachne zu tun hat.

Bevor es um die zwei zentralen Stellen, Emmas und Esmeraldas Todesszenen, gehen soll, muss zuerst gezeigt werden, wie stark die Verbindungen sind, die Flaubert rings um seinen erzählten Gifttod zur Referenz-Stelle bei Hugo gesponnen hat. Was schliesslich in einer analog ablaufenden Todesszene kulminiert, zeichnet sich bereits Seiten zuvor ab, wenn Emma auf ihrer verzweifelten Suche nach Geld, mit dem sie sich aus Lheureux' Wechseln loskaufen will, beim Notar Guillaumin vorspricht.

Théodore öffnet ihr die Tür und führt sie ins Esszimmer, wo Emma nun auf den Notar wartet. Im Zimmer gibt es einen Kachelofen und darüber, in einer Nische, steht ein Kaktus. An den Wänden, auf der eichengrünen Tapete, hängen in schwarzen Holzrahmen zwei Bilder – und eines davon muss hier genau betrachtet werden.

> Un large poêle de porcelaine bourdonnait sous un cactus qui emplissait la niche, et, dans les cadres de bois noir, contre la tenture de papier de chêne, il y avait la *Esméralda* de Steuben, avec la *Putiphar* de Schopin. (MB:566)

Charles von Steuben hat Esmeralda zweimal auf einem Bild dargestellt, und nach beiden Bildern hat Jazet jeweils mindestens eine Gravur angefertigt. Es ist also durchaus von beiden Werken denkbar, dass Emma sie als Druck in Guillaumins Esszimmer sehen kann. Und dennoch besteht kein Zweifel darüber, um welches der zwei Bilder es sich hier handelt. Das eine, das im Salon von 1841 ausgestellt wurde, zeigt Esmeralda mit Djali, wie sie, die Hände über dem Kopf, das Tamburin schlägt und dazu auf den Fussspitzen tanzt.[40] Das andere, es wurde im Salon 1839 präsentiert und hängt heute im Musée des Beaux-Arts in Nantes, zeigt Esmeralda, spärlich bekleidet auf dem Bett sitzend, wie sie, auf die linke Hand gestützt, mit der rechten ihre Ziege streichelt. Am Boden liegen eine Metallpfeife, ihre Schuhe und ein Tamburin. Links im Bild, im Schatten einer schmalen Tür, kniet Quasimodo und betrachtet sie still. – Und das ist das Bild, das Emma in Guillaumins Esszimmer entdeckt. Würde sie es nur genau genug anschauen, so wüsste sie nämlich bereits, welche unangenehme Szene sie hier in diesem Raum auf den folgenden Seiten erleben wird.

Steubens Bild hat jene Stelle aus dem vierten Kapitel des neunten Buchs von Hugos Roman zur Vorlage, in der Quasimodo Esmeralda in ihrer Kammer beobachtet. Er hat sie zuvor vor dem Schafott gerettet, und sie lebt nun bei ihm versteckt in einem Turm von Notre-Dame. Und manchmal schaut er dort bei ihr vorbei.

> Elle avait laissé à terre le sifflet qu'il lui avait donné. Cela n'empêcha pas Quasimodo de reparaître de temps en temps les premiers jours. Elle faisait son possible pour ne pas se détourner avec trop de répugnance quand il venait lui apporter le panier de provisions ou la cruche d'eau, mais il s'apercevait toujours du moindre mouvement de ce genre, et alors il s'en allait tristement.
>
> Une fois, il survint au moment où elle caressait Djali. Il resta quelques moments pensif devant ce groupe gracieux de la chèvre et de l'égyptienne. Enfin il dit en secouant sa tête lourde et mal faite: « Mon malheur, c'est que je ressemble encore trop à l'homme. Je voudrais être tout à fait une bête, comme cette chèvre. » (ND:371).

Die Pfeife, die Esmeralda am Boden hat liegen lassen, hat sie von Quasimodo bekommen. Sie soll ihm, wann immer sie seine Hilfe braucht, pfeifen. Und seine Hilfe wird sie kurz darauf, im sechsten Kapitel desselben Buchs, dringend nötig haben. Dann schleicht sich nämlich Claude Frollo in ihre Kammer, bedrängt sie, bettelt um ihre Liebe, will sie küssen, und da Esmeralda sich wehrt, versucht er es mit Gewalt, fährt ihr mit seinen Händen unter das Kleid, bis sie sich schliesslich doch noch befreien und die Pfeife, die immer noch am

Charles von Steuben. La Esmeralda. 1,95 × 1,44. Nantes, Musée des Beaux-Arts[41]

Boden liegt, erhaschen kann. Und diese Sequenz, Frollos sexuelle Belästigung und sein Betteln um Liebe, stellt Flaubert in der Szene nach, die nun beginnt, nachdem Emma Steubens Bild gesehen hat. Das Bild liefert gewissermassen die Vorgeschichte dazu.[42]

Emma, in der Rolle von Esmeralda, wartet im Zimmer bis Guillaumin, als Frollo, auftritt. Wie Frollo („sa tête chauve") ist auch der Notar ein älterer, kahler Mann („son crâne chauve"), und wie dieser, der eben aus seinem Bett gesprungen ist und sich nur schnell ein Chorhemd, „un surplis", übergezogen hat, ist auch Guillaumin soeben erst aufgestanden, er trägt nichts weiter als seinen Schlafrock, „sa robe de chambre". Frollo bedrängt Esmeralda sogleich: „[...] elle sentit le long de son corps un contact qui la fit tellement frémir qu'elle se dressa réveillée et furieuse sur son séant." Der Notar beginnt zögerlicher, sucht aber auch den Körperkontakt: „[...] il s'était tourné vers elle complètement, si bien qu'il frôlait du genou sa bottine [...]", und er küsst schon bald Emmas Hände: „Il tendit sa main, prit la sienne, la couvrit d'un baiser vorace, puis la garda sur son genou; et il jouait avec ses doigts délicatement, tout en lui contant mille douceurs." Frollo küsst nicht Esmeraldas Hände, aber ihre Schulter: „- Grâce! grâce!» murmura le prêtre en lui imprimant ses lèvres sur les épaules.", und da sie sich wehrt, wendet er Gewalt an, überwältigt sie und berührt sie mit den Händen am ganzen Körper: „Elle sentait une main lascive s'égarer sur elle." Guillaumin lässt wiederum seine Hände in Emmas Ärmel gleiten, um ihren Arm zu betasten, er versucht sie zu küssen: „[...] ses mains s'avançaient dans la manche d'Emma, pour lui palper le bras. Elle sentait contre sa joue le souffle d'une respiration haletante." Und beide, Frollo und Guillaumin, versuchen mit den fast gleichen Worten die Liebe der jeweils viel jüngeren Frau zu erbetteln: „«[...] Mais grâce! aime moi!»", jammert Frollo, „« De grâce, restez! je vous aime.»", winselt Guillaumin. Beide werden sie abgewiesen, aber Frollo wird nicht locker lassen und Esmeralda gegen Ende des Buchs vor die endgültige Entscheidung stellen: „La tombe ou mon lit!" (ND:469). Emma versteht selbst, zwischen welchen zwei Möglichkeiten sie wählen kann und antwortet Guillaumin tapfer: „[...] Je suis à plaindre, mais pas à vendre!»". Auch wenn es später, bei ihrem Besuch bei Binet, so aussieht, als hätte sie es sich inzwischen anders überlegt, hier zieht sie noch, wie Esmeralda, den Tod der Prostitution vor.

Was also Emma, wenn sie im Esszimmer auf Guillaumin wartet und dabei Steubens Bild betrachtet, nicht weiss, ist, dass sie sich in dem Moment in der gleichen Situation befindet wie Esmeralda auf dem Bild. Steubens Gemälde funktioniert hier quasi als Einleitung zu der Szene, die sich gleich darauf in eben diesem Zimmer, unter demselben Bild abspielen wird. Es situiert die Stelle in *Notre-Dame de Paris*, auf die Flaubert im Folgenden Bezug nimmt.

Allerdings zeichnet Flaubert seine Szene nicht direkt aus Hugos Roman ab, vielmehr malt er sozusagen die Kopie weiter, die Steuben nach dem Original anfertigt.[43] – Und wie die Esmeralda auf dem Bild ist auch Emma nicht das perfekte Abbild ihrer Vorlage. Während Hugo gerade im sechsten Kapitel des neunten Buchs, dem die Szene entnommen ist, noch einmal Esmeraldas Sittsamkeit unterstreicht, zeigt Steuben im Gegenteil ein laszives Mädchen, das dem Betrachter recht viel Bein und einen grossen Ausschnitt darbietet.[44] Und gerade was ihre Keuschheit betrifft, unterscheidet sich auch Emma stark von ihrem Vorbild. Sie ist eben viel mehr nach Steubens als nach Hugos Esmeralda geraten, denn Sittlichkeit gehört auch nicht zu ihren Stärken. So hält ihr Steubens Gemälde quasi den Spiegel vor, und Emma muss in ihm erkennen, wie wenig sie doch eigentlich von ihrem Ideal hat.

Ein Kapitel weiter, kurz vor Emmas Tod, schaut Flaubert schon wieder zu Hugo. Emma möchte ihr Kind ein letztes Mal sehen. Sie liegt im Bett, vom Gift schon stark geschwächt, ihr Zimmer wird von Kerzenleuchtern erhellt, und Berthe, noch ganz verschlafen, versteht überhaupt nicht, was da vor sich geht. Sie glaubt, es sei Mittfasten oder der Morgen an Neujahr, dann wird sie nämlich jeweils früh geweckt und im Kerzenlicht zu ihrer Mutter ans Bett gebracht, wo sie Geschenke bekommt. Und darum fragt sie:

«Où est-ce donc, maman?»
Et, comme tout le monde se taisait:
«Mais je ne vois pas mon petit soulier!»
Félicité la penchait vers le lit, tandis qu'elle regardait toujours du côté de la cheminée.
«Est-ce nourrice qui l'aurait pris?» demanda-t-elle. (MB:582)

Berthe verdächtigt hier die „nourrice" ihren „petit soulier" genommen zu haben, und nimmt damit unbewusst das Thema des letzten Kapitels vor Esmeraldas Hinrichtung in *Notre-Dame de Paris* auf. Das Kapitel heisst „Le petit soulier" (ND:457–488), und dieser kleine Schuh ist das Zeichen, an dem Esmeralda ihre leibliche Mutter, die Sachette, erkennt. Als ihre Tochter fünfzehn Jahre zuvor von Zigeunerinnen geraubt wurde, ist der Sachette nur ein Kinderschuh von ihr geblieben. Esmeralda hat das Gegenstück dazu. Eine alte Zigeunerin, die, so heisst es, wie eine „nourrice" für sie gewesen sei, hat ihn ihr gegeben und gesagt, dass sie an ihm ihre richtige Mutter erkennen werde. Was nun bei Hugo zur hoch emotionalen Wiedervereinigung von Mutter und Kind führt – Esmeralda und die Sachette beteuern sich über etliche Seiten hinweg ihre gegenseitige Liebe und beweinen die jahrelange Trennung – kippt bei Flaubert sogleich ins groteske Debakel. Emma, die ja gern eine liebende Mutter nach dem Vorbild der Sachette verkörpern würde[45], wird ihrem literarischen Vorbild einmal mehr nicht gerecht. Als sie Berthe den Namen „nourrice" aussprechen hört, wendet sie sich angeekelt von ihrem Kind ab. Und neben den literarischen Qualitäten, die der letzte Dialog zwischen Esmeralda und der Sachette zu bieten hat, nehmen sich die letzten Worte zwischen Emma und Berthe geradezu jämmerlich aus. Es spricht nur die Tochter, und was sie sagt, ist kein grosses Wort, keine poetische Liebeserklärung an die sterbende Mutter, nichts, das dem grossen Moment gerecht würde; Berthe zitiert nur aus dem Rotkäppchen.

> Et, à ce nom [nourrice], qui la reportait dans le souvenir de ses adultères et de ses calamités, madame Bovary détourna sa tête, comme au dégoût d'un autre poison plus fort qui lui remontait à la bouche. Berthe, cependant, restait posée sur le lit.
> « Oh! comme tu as de grands yeux, maman! comme tu es pâle! comme tu sues!... »
> Sa mère la regardait.
> « J'ai peur! » dit la petite en se reculant.
> Emma prit sa main pour la baiser; elle se débattait.
> « Assez! qu'on l'emmène! » s'écria Charles, qui sanglotait dans l'alcôve. (MB:582–583)

Wo Esmeralda ihr Glück feiert, die leibliche Mutter gefunden zu haben, tut Berthe das Gegenteil. „Oh! comme tu as de grands yeux, [...]!", sind die Worte, die Rotkäppchen an seine krank im Bett liegende, vermeintliche Grossmutter richtet. Wer im Märchen aber tatsächlich im Bett liegt, ist der Wolf, in Nachthemd und Nachthaube der Grossmutter. Statt von ihrer Tochter als die wahre, liebende Mutter erkannt zu werden, spricht ihr Berthe durch das Rotkäppchen-Zitat im Gegenteil gerade den Mutterstatus ab und Emma sieht sich nun vielmehr in der Rolle des bösen Wolfs. Und das nicht ganz zu unrecht. Ihr ist das Kind nicht wie der Sachette geraubt worden, sie hat es sich selbst vom Hals geschafft und bei der „nourrice" untergebracht. So bringt Berthes Vermutung, sie würde ihren „petit soulier", das Erkennungszeichen der wahren Mutter, eher bei der Amme als bei Emma finden, das literarisch geprägte Mutterbild, das Emma gern verkörpern möchte, vollends zum Einstürzen.

Und wie hier, kurz vor Emmas und Esmeraldas Sterbeszenen, werden die beiden Texte, *Notre-Dame de Paris* und *Madame Bovary*, auch kurz danach durch kaum sichtbare Fäden verbunden.

Nach Esmeraldas Tod verschwindet Quasimodo aus der Kathedrale und taucht erst Jahre später wieder auf, als in der „cave de Monfaucon", wo Esmeralda begraben liegt, zwei Skelette gefunden werden. Das eine mit gekrümmter Wirbelsäule, eingesunkenem Schädel und verschieden langen Beinen, hält das andere, eine Frau, eng umschlungen, und es kommt zum letzten Satz von *Notre-Dame de Paris*:

> Quand on voulut le [Quasimodo] détacher du squelette qu'il embrassait, il tomba en poussière. (ND:500)

Darf Quasimodo seine grosse Liebe wenigstens im Tod noch eng umschlungen halten und kann er, versucht man sie zu trennen, zu Staub zerfallen, so bleibt Charles sogar das noch verwehrt. Nach Emmas Tod plagt ihn nämlich allnächtlich derselbe Traum:

> Chaque nuit, pourtant, il la [Emma] rêvait; c'était toujours le même rêve; il s'approchait d'elle; mais, quand il venait à l'étreindre, elle tombait en pourriture dans ses bras. (MB:607)

Flaubert erzählt auch hier wieder das Negativ zu Hugos Szene. Wo sich Quasimodo in Staub auflöst, zerfällt nicht Charles, sondern Emma zu Moder und zwar nicht, weil man Charles Arme von ihr lösen, sondern im Gegenteil, gerade weil dieser sie umarmen will. Auch, und darin liegt die besondere Tragik seines Alptraums, kommt Charles durch Emmas Zerfall nicht ans Ende seines Leidensweges – und der Roman zu seinem Schluss – vielmehr wiederholt sich die schreckliche Szene jede Nacht von Neuem.[46]

Soviel zum dichten Netz, das Flaubert zwischen die beiden Sterbeszenen gewoben hat. Nun zurück in ihr Zentrum, wo die Spinne hockt.

Esmeraldas Hinrichtung wird von Claude Frollo und Quasimodo von hoch oben von Notre-Dame aus verfolgt. Der Henker trägt sie zuerst die Leiter hinauf und befestigt das Seil, das sie um den Hals trägt, am Galgen. Dann stösst er die Leiter weg.

> Tout à coup l'homme repoussa brusquement l'échelle du talon, et Quasimodo qui ne respirait plus depuis quelques instants vit se balancer au bout de la corde, à deux toises au-dessus du pavé, la malheureuse enfant avec l'homme accroupi les pieds sur ses épaules. La corde fit plusieurs tours sur elle-même, et Quasimodo vit courir d'horribles convulsions le long du corps de l'égyptienne. Le prêtre de son côté, le cou tendu, l'œil hors de la tête, contemplait ce groupe épouvantable de l'homme et de la jeune fille, de l'araignée et de la mouche.
>
> Au moment où c'était le plus effroyable, un rire de démon, un rire qu'on ne peut avoir que lorsqu'on n'est plus homme, éclata sur le visage livide du prêtre. (ND:494)

So stirbt Esmeralda, erstickt durch den Strang; und die Parallelen, die zwischen ihrer und Emmas Todesszene bestehen, sind frappant. So erinnert schon Emmas Ringen um Luft kurz vor dem Tod stark an eine Strangulation:

> Sa poitrine aussitôt se mit à haleter rapidement. La langue tout entière lui sortit hors de la bouche; ses yeux, en roulant, pâlissaient comme deux globes de lampe qui s'éteignent, à la croire déjà morte, sans l'effrayante accélération de ses côtes, secouées par un souffle furieux, comme si l'âme eût fait des bonds pour se détacher. (MB:588–589)

Und dann beginnt Flaubert die letzte Szene in Emmas Leben, wie Hugo bei Esmeralda ebenfalls mit „Tout à coup":

> Tout à coup, on entendit sur le trottoir un bruit de gros sabots, avec le frôlement d'un bâton; et une voix s'éleva, une voix rauque, qui chantait:
>
>> Souvent la chaleur d'un beau jour
>> Fait rêver fillette à l'amour.
>
> Emma se releva comme un cadavre que l'on galvanise, les cheveux dénoués, la prunelle fixe, béante.
>
>> Pour amasser diligemment
>> Les épis que la faux moissonne,
>> Ma Nanette va s'inclinant
>> Vers le sillon qui nous les donne.
>
> « L'Aveugle! » s'écria-t-elle.
> Et Emma se mit à rire, d'un rire atroce, frénétique, désespéré, croyant voir la face hideuse du misérable, qui se dressait dans les ténèbres éternelles comme un épouvantement.
>
>> Il souffla bien fort ce jour-là
>> Et le jupon court s'envola!
>
> Une convulsion la rabattit sur le matelas. Tous s'approchèrent. Elle n'existait plus. (MB:589)

Im Todeskampf muss Emma das Lied des „Aveugle" wie die obszöne Verdichtung ihrer eigenen Liebesabenteuer vorkommen.[47] Ihr Blick wird starr („la prunelle fixe") und sie lacht ihr furchtbares, verzweifeltes Lachen („un rire atroce, frénétique, désespéré"). So geht es auch Claude Frollo, wenn ihm Esmeralda und der Henker am Galgen sein „symbole de tout", die Spinne und die Fliege, vorführen. Die Augen treten ihm aus dem Kopf („l'œil hors de la tête") und er bricht in ein schreckliches, teuflisches Lachen aus („un rire de démon, un rire qu'on ne peut avoir que lorsqu'on est plus homme"). An Drastik sind die beiden Todesszenen kaum zu überbieten. Esmeralda und Emma werden beide im Todeskampf von Krämpfen geschüttelt. Esmeraldas Körper durchlaufen „d'horribles convulsions" und Emma wirft ein Krampf auf das Bett zurück, „une convulsion la rabattit sur le matelas". Dann sind sie beide tot. Die eine erhängt, die andere durch das Gift erstickt.

Nun sind Esmeralda und Emma aber nicht die einzigen, die gewürgt und vergiftet werden. Gewürgt und vergiftet, so erzählen es Ovids *Metamorphosen*, wird auch Arachne, die Lyderin, die sich mit den Göttern angelegt hat.

Schon in den frühen Siebzigerjahren bringt A. M. Lowe im Artikel „Emma Bovary, a modern Arachne" (1972) das Spinnenthema in *Madame Bovary* in Verbindung mit Ovids Arachne-Mythos. Und dieser spielt in der Beziehung, in der Emmas und Esmeraldas Sterbeszenen zu einander stehen eine wichtige Rolle. Darum hier zuerst einmal die Geschichte, wie Arachne Minerva zum Wettkampf im Weben herausfordert und am Ende von dieser in eine Spinne verwandelt wird. Sie tönt bei Ovid etwa so:

Als Minerva hört, dass Arachne, eine Lyderin, sich mit ihr in der Webkunst messen will, tritt sie in der Gestalt einer alten Frau vor sie und rät ihr, die Göttin nicht herauszufordern. Aber Arachne verspottet sie nur. Sie sei ja vom Alter verblödet, sagt sie, sie hätte besser ihre Tochter zu ihr geschickt und überhaupt, warum die Göttin nicht gleich selbst gekommen sei, ob sie vielleicht den Wettkampf fürchte? „Venit!", sagt Minerva darauf nur, „Sie kam!", und nimmt ihre eigene Gestalt an. Alle, die zugegen sind, beginnen nun sofort, die Göttin zu ehren, nur Arachne nicht. Sie errötet zwar, fasst sich aber gleich wieder und beharrt weiter auf dem Wettkampf. So stürzt sie ihrem Schicksal zu, heisst es, „in sua fata ruit". Sogleich beginnen beide auf ihrem Webstuhl die Fäden zu spannen und zu weben. Was nun dem Stoff eingewoben wird, sind Geschichten aus alten Zeiten, „et vetus in tela deducitur argumentum". Minerva zeigt ihren Streit mit Neptunus um Athen. Sie webt Jupiter, umgeben von Göttern und alle so deutlich, dass man ihre Gesichter erkennen kann. Sie zeigt Neptunus, wie er seinen Dreizack in den Fels schlägt und wie daraus die Quelle entspringt. Sich selbst lässt sie in voller Kriegsmontur dastehen und webt den Ölbaum, der dort, wo sie mit ihrer Lanze in die Erde gestossen hat, hervor treibt und bereits Früchte trägt. Ihr Bild beendet sie mit Victoria, der Göttin des Sieges, die sich im Kampf mit Neptunus auf ihre Seite geschlagen hat. In den vier Ecken fügt sie noch vier weitere Stellen aus der Mythologie ein. Die erste Ecke zeigt Haemus und Rhodope, die in Gebirge verwandelt wurden, weil sie sich die Namen Jupiter und Juno zugelegt hatten. Die zweite Ecke zeigt die Pygmäin Gerana, die von Saturnia in einen Kranich verwandelt wurde. In der dritten Ecke sieht man Antigone, von Juno in einen Storch verwandelt, und in der letzten Ecke umarmt Cinyras die Stufen des Tempels, in die seine Töchter verwandelt wurden. Das Ganze umrahmt Minerva mit Zweigen ihres Ölbaums.

Arachne hingegen webt Europa, wie sie vom Stier entführt wird, Asterie mit dem Adler, Leda mit dem Schwan und so weiter, eine nach der andern alle Gestalten, die Jupiter zwecks Verführung annimmt, dann Neptunus als Stier, als Wider, als Hengst und mehr, Phœbus als Habicht, als Löwe, als Hirte mit Isse, Bachus als Traube mit Erigone, und schliesslich Saturn als Hengst, wie er gerade Chiron, den Centaur zeugt. Und all diese schändlichen Täuschungen der Götter umrankt sie mit Blumen und Efeu.

Minerva schaut sich das Gewebe an und wird nun richtig wütend, allerdings nicht der von Arachne gewählten Motive wegen, sondern weil sie es als Kunstwerk nicht tadeln kann. Es ist zu gut. Und sie zerreisst das Gewebe, „caelestia crimina", die Schanden des Himmels, und sticht Arachne mit dem Webschiffchen drei- viermal in die Stirn. Arachne erträgt es nicht. Sie schlingt sich die Schnur um den Hals und will sich erhängen, aber Minerva stützt sie, sie hat eben doch Mitleid, und sagt: „vive quidem, pende tamen, inproba", so lebe zwar, aber hängen sollst du Schlechte, und sie fügt an, dass diese Strafe auch für alle Nachkommen Arachnes gelten soll. Darauf besprengt sie sie mit Saft des Hekatekrautes und Arachne verwandelt sich sogleich in eine Spinne. Und als Spinnen sind sie und ihre Nachkommen nun zum ewigen Weben verdammt (MM:196–205).

Als Ausgangspunkt für die Bezüge, die Lowe zwischen *Madame Bovary* und dem Arachne-Mythos zieht, dient das Bleistift-Porträt, das Emma von Minerva, der Schutzpatronin der Spinner und Weber macht und ihrem Vater schenkt. Man bekommt es bei Charles erstem Besuch auf les Bertaux zu sehen. Die Zeichnung hängt in jenem Zimmer, in dem Charles und Emma dann ihren ersten gemeinsamen Imbiss nehmen.

> Il y avait, pour décorer l'appartement, accrochée à un clou, au milieu du mur dont la peinture verte s'écaillait sous le salpêtre, une tête de Minerve au crayon noir, encadrée de dorure, et qui portait au bas, écrit en lettres gothiques: «A mon cher papa». (MB:305)

Nur wenige Zeilen weiter oben wird auch schon das Nähen, ein mit dem Spinnen nah verwandtes Thema, eingeführt. Emma soll nämlich Kissen anfertigen, um die Beinschiene ihres Vaters zu polstern, aber zuerst kann sie ihr Nähzeug nicht finden, und dann sticht sie sich auch noch dauernd in die Finger.

> Comme elle fut longtemps avant de trouver son étui, son père s'impatienta; elle ne répondit rien; mais, tout en cousant, elle se piquait les doigts, qu'elle portait ensuite à sa bouche pour les sucer. (MB:304)

Wichtig ist Lowe auch die Tatsache, dass, wie bei Arachne, auch nach Emmas Tod das Spinnen, Weben und Nähen nicht zu Ende ist. Wie Arachnes Nachkommen, die dazu verdammt sind bis in alle Ewigkeit zu spinnen und zu weben, ergeht es auch Emmas Tochter Berthe. Sie wird ganz zum Schluss des Romans, wenn die erzählte Zeit die ewige Gegenwart eingeholt hat und der Erzähler ins Präsens wechselt, von ihrer Tante in eine Baumwollspinnerei gesteckt.

> Elle [sa tante] est pauvre et l'envoie, pour gagner sa vie, dans une filature de coton. (MB:611)

Und schliesslich bringt Lowe Emmas Selbstmord in Verbindung mit Arachnes versuchtem Suizid. Die Elemente Gift und Strangulation, wir haben es gesehen, spielen auch bei Emmas Tod ihre Rolle, was Lowe allerdings verschweigt, ist die Tatsache, dass Arachne im Gegensatz zu Emma nicht stirbt. Sie wird von Minerva gerettet und dann mit dem Gift des Hekatekrautes in eine Spinne verwandelt. Den Bezug zum Arachne-Mythos, den Lowe in dieser Stelle sieht, stützt sie nur durch Emmas Ringen um Luft. Es gäbe allerdings eine weitere Parallele. Ganz Ähnliches wie mit Arachne, die von Minerva mit dem Webschiffchen mehrmals in die Stirn gestochen wird, geschieht nämlich auch mit Emma. Nach ihrem Tod möchte Charles ein paar Haarsträhnen von ihr behalten, das sagt Félicité zu Homais, der die Totenwache hält.

> «Coupez-en!» répliqua l'apothicaire.
> Et, comme elle n'osait, il s'avança lui-même, les ciseaux à la main. Il tremblait si fort, qu'il piqua la peau des tempes en plusieurs places. Enfin, se raidissant contre l'émotion, Homais donna deux ou trois grands coups au hasard, ce qui fit des marques blanches dans cette belle chevelure noire. (MB:596)

Wie Arachne wird auch Emma in die Stirn gestochen, von Homais. Und Homais wiederum bespritzt zwar Emma nicht mit Gift, wie dies Minerva mit Arachne tut, aber Emma findet das Gift, das sie schluckt, bei ihm zu Hause. Diese letzte Szene bekräftigt nun die Bezüge, die Lowe, ohne sie wirklich zu deuten, zwischen *Madame Bovary* und dem Arachne-Mythos sieht und verleiht diesen im Nachhinein noch grösseres Gewicht.

Soviel zum dichten Netz aus Verweisen, das Flaubert zwischen Ovids und Hugos Text in seinen eigenen Roman eingesponnen hat: Die Fäden sind gespannt, nun gilt es, die Fliege zu fangen.

8.
DER PERFEKTE TEXT

Der Text im Text: Arachne macht aus alten Geschichten neue. Und Flaubert nimmt sich an ihr ein Beispiel. Die Spinne und die schwarze Sonne. Minerva wird bestraft. Der verspottete Vater. Die wunderbarste Metamorphose.

Ovids Arachne-Mythos ist neben der Geschichte vom Wettkampf im Weben zwischen Minerva und Arachne auch eine Geschichte über das Erzählen von Geschichten, und über die Bedeutung alter, bereits erzählter Geschichten für die neuen, die noch zu erzählen sind.

Beide, Minerva und Arachne, weben ihrem Stoff Szenen aus alten Mythen ein. Sie lösen ausgesuchte Stellen aus ihrem Kontext, fügen sie neu zusammen und machen sie zu einem Teil ihres eigenen narrativen Gewebes. Sie tun dies allerdings nicht auf die selbe Weise. Bei Minerva geschieht es belehrend. Sie zeigt, was Arachne nicht hätte tun sollen und was ihr nun droht. Nicht nur, dass sie sich selbst als Siegerin über Neptunus darstellt, was schon ein klares Zeichen ist, dass man Minerva besser nicht zum Wettkampf herausfordert; sie fügt in den vier leer gebliebenen Ecken auch gleich noch vier Bilder ein, die zeigen, wie es heraus kommt, wenn man sich ganz allgemein mit den Göttern anlegt. Es kommt viermal schlecht heraus. Haemus und Rhodope, Gerana, Antigone und Cinyras Töchter werden allesamt zur Strafe verwandelt.

Minervas Straf-Metamorphosen stellt Arachne ihre Verwandlungen zur Lust gegenüber. Sie schöpft aus der gleichen Quelle wie Minerva, nur zitiert sie jene Stellen der Mythologie, in denen die Götter eine andere Gestalt annehmen um zu verführen, herumzukriegen und zu begatten. Was sie zeigt, sind zwar „caelestia crimina" (MM:204), die Schanden des Himmels, aber eben auch Metamorphosen zur Erotik und es bleibt offen, ob Arachnes Provokation nun eher darin besteht, dass sie die Götter als üble Betrüger darstellt, oder aber, dass sie Verwandlung im Gegensatz zu Minerva als etwas Lustvolles erzählt. Auch wenn sie beide gleichzeitig weben, so wird Arachnes Werk nämlich als Antwort auf Minerva verstanden. Ihr Weben wird später erzählt und erscheint so automatisch als Gegendarstellung zur göttlichen Sicht. Ihr Bild ist provokative Reaktion.

Was Minerva aber besonders wütend macht, ist weniger die Wahl der Motive, als dass diese so perfekt dargestellt sind. Ihre Wut gilt mehr der Form als dem Inhalt, und ihre Wut ist vor allem das Resultat ihres Neides. Sie kann in Arachnes Gewebe keinen Fehler finden, und wo sie mit ihrer Kunst nicht gewinnen kann, greift sie zur Gewalt. Sie zerstört das Gewebe und sticht Arachne mit dem Webschiffchen. Minerva muss nämlich als Siegerin vom Platz, und zwar ganz einfach, weil sie sich die Geschichte so vorstellt. Victoria hat sich, wie im Streit mit Neptunus, den sie in ihrem Gewebe zeigt, auf ihre Seite zu schlagen. Für Minerva ist darum nicht einmal die Frage entscheidend, ob Arachne das Schiffchen tatsächlich besser oder schlechter führt als sie, entscheidend ist allein, dass Arachne die Frage überhaupt aufzuwerfen wagt, dass sie ihre Niederlage nicht im Vornherein akzeptiert. Eine Göttin fordert man nicht zum Wettstreit, und sei man noch so gut in seiner Kunst, auch das sagt Minervas Weberei. So heisst es schon bevor die Fäden auf dem Webstuhl überhaupt gespannt sind von Arachne: „in sua fata ruit" (MM:200), so stürzt sie ihrem Schicksal zu. Arachnes Unglück nimmt in dem Moment seinen Lauf, als sie vor der göttlichen Konkurrentin nicht kuscht, ungeachtet dessen, was sie zu bieten hat. Und das ist, was sie nicht ertragen kann, sie versucht sich das Leben zu nehmen. Doch nicht einmal in diesem Punkt gibt Minerva nach, so will sie die Geschichte nicht zu Ende erzählt haben. In ihrer Version des Geschehens muss zum Schluss die Bestrafung der Herausforderin stehen. Also stützt sie Arachne und verwandelt sie, in Anlehnung an die strafenden Metamorphosen, die sie ihrem Tuch eingewoben hat, in eine Spinne.

Wie der Wettkampf vor einem unparteiischen Schiedsrichter ausgegangen wäre, wird nicht bekannt, Minervas Reaktion lässt aber vermuten, dass sie in Arachne mindestens eine ebenbürtige Gegnerin sieht. Wie sie Arachnes Werk zerreisst und ihr körperliche Gewalt antut, das hat ganz eigentlich den Beigeschmack einer uneingestandenen Niederlage. Es scheint, als ob Arachne in ihrem Wettkampf mit der hoch etablierten, in ihrer Meisterschaft bisher unangefochten führenden Künstlerin betrogen wurde. Und die einzige Möglichkeit, diesem Betrug zu entgehen, wäre gewesen, dem Wettkampf auszuweichen, die Superiorität der übermächtigen Göttin zu anerkennen. Das will sie nicht, und genau diese Haltung macht sie zur Verbündeten des jungen Künstlers, der es mit den Grossen aufnehmen will – hier des jungen Gustave Flaubert.

Naomi Schor zeigt, wie wichtig der heutigen Literaturkritik die Textil-Metapher ist: der Schriftsteller, der sich, weil er mit den Göttern in der Schöpfung konkurrieren will, dazu verurteilt sieht, geduldig und bis zum Schluss sein Buchstaben-Netz zu spinnen (1988:61–81).[48] Hier knüpft auch Flaubert an, wenn er den Arachne-Mythos zwischen seinen Roman und Hugos *Notre-Dame de Paris* webt. Bei ihm wird nun nämlich der versteckt thematisierte Arachne-Mythos zur Wettkampfansage an Hugos grossen Roman der Romantik und damit an den Literaturgott Hugo selbst.

Flaubert verfolgt die gleiche Strategie wie Arachne: Er provoziert und widerlegt, scheut sich nicht, seinen Roman mit dem übermächtigen Werk in Konkurrenz zu setzen. Die erste Provokation und mit ihr die Anleitung, *Madame Bovary* als Gegentext zu *Notre-Dame de Paris* zu lesen, setzt Flaubert bereits im Titel. Er lässt ihn zweimal auf Hugos Roman reimen: *[Notre]-Dame* vs. *[Ma]dame* und *[de P]aris* vs. *[Bov]ary*. Wo Hugo, im ersten Reim, *Notre-Dame*, die Jungfrau Maria, Mutter Gottes nennt, da setzt Flaubert ganz einfach *Madame*, die Anrede für jede irdische weibliche Person. Wo bei Hugo, im zweiten Reim, *Paris*, der Name der Hauptstadt steht, liest man bei Flaubert *Bovary*, einen recht provinziell klingenden Eigennamen. Und wenn Hugos Titel als Ganzes die berühmte Kathedrale, das architektonische Meisterwerk der Gotik mit all seinen geschichtlichen und religiösen Konnotationen bezeichnet, dann verweist Flauberts Romanname nur auf eine Frau, von der niemand je gehört hat. Flauberts Titel weist so den beiden Werken die Plätze zu, auf denen er sie im Literatur-Olymp sehen möchte: Hier der göttliche Text, *Notre-Dame de Paris,* da das irdische Wortgeflecht, das ihn herausfordert, *Madame Bovary,* aber ein Werk, in dem, wie bei Arachne, auch der kritischste Betrachter keinen Fehler finden soll.

Was im Titel verdichtet anklingt, das wird später im Text ausgearbeitet. Wo immer sich Flaubert auf *Notre-Dame de Paris* bezieht, da fordert er heraus, da bekämpft, widerlegt er den Referenztext, und lässt jede von Hugo übernommene Szene in ihre Antithese kippen. Seine Emma ist kein keusches Mädchen, vielmehr gleicht sie dem lasziven Esmeralda-Abklatsch auf Steubens Bild. Aus Hugos hochintelligenter Ziege Djali wird bei ihm ein kleiner, dummer Windhund, aus der „chevrette" die „levrette", die Emma auch schon bald davon läuft. Die Ziege muss man hingegen schon mit Gewalt von ihrer Herrin trennen. Wenn Esmeralda Djali ihre grosse Liebe anvertraut, klagt Emma bei Djali über ihre unglückliche Ehe. Die Spinne in der Dachlucke, die bei Hugo zum Symbol für alles und im Speziellen für die „fatalité" wird, muss als Bild für Emmas langweiliges Eheleben herhalten, und wenn Esmeralda im Todeskampf mit dem Henker für Frollo noch einmal dieses „symbole de tout" darstellt, dann führt der Blinde im Gegenzug der sterbenden Emma die Tragik ihres Lebens anhand eines obszönen Liedchens vor. Esmeraldas schönstem Mädchenfuss steht Hippolytes Klumpfuss gegenüber, der „brodequin", ein Folterinstrument, wird durch den „moteur méchanique", einen medizinischen Apparat, ersetzt. Hugos „petit soulier" zeigt, was wahre Mutter-Kind-Liebe ist und lässt die beiden ihre stärksten Gefühle über etliche Seiten hinweg auskosten, während der „petit soulier" bei Flaubert Mutter und Kind sogleich ins emotionale Desaster stürzt. Quasimodo findet im Tod mit seiner grossen Liebe Esmeralda zusammen, Charles, seit den ersten Seiten des Romans zu Quasimodo assoziiert, schafft dies weder im Leben noch im Tod und nicht einmal im Traum. Dort zerfällt ihm Emma zwischen den Armen zu Moder, als er sie umarmen will, wie Quasimodo (hier sind die Vorzeichen wieder umgekehrt) zu Staub zerfällt, als man seine Arme von Esmeralda lösen will. Bei Hugo steht „poussière", fertig zerfallene Materie, bei Flaubert „pourriture", Moder, Fäulnis. Das Unglück hat sich noch nicht in seine kleinsten Teile zersetzt, aus denen das Neue entstehen kann, das Faulen und Modern ist noch im Gang, der tiefste Punkt, die Talsohle des Grauens noch nicht erreicht.

Wo immer Hugo die Gunst des metaphorischen Gehalts nutzt und zur grossen symbolischen Geste ausholt, da wird bei Flaubert das romantische Bild im Keim erstickt, gekippt und verdreht. Wenn der skrupellose Egoist Frollo wie die Menschen in Minervas Gewebe zum Schluss seiner gerechten Strafe zugeführt wird, dann kommt seine Gegenfigur Rodolphe ungeschoren davon und darf sich wie Arachnes Göttergestalten weiter verstellen und unter Täuschung schöne Frauen verführen. Die Rache am Bösen bleibt aus. Wie Arachne und mit ihr ihre Nachkommen stürzen Emma, Charles und Berthe ihrem Schicksal zu, unaufhaltsam und erst noch ohne Aussicht auf Sühne. Während Hugo seinem Leser die grossen Gefühle, übermenschliches Glück und unermesslichen Schmerz oder wenigstens blutige Rachlust bietet, bricht Flaubert die Emotionen, bevor sie richtig aufgebaut sind. So lassen sich auch in Emmas Leben die Momente grosser Gefühle an einer Hand abzählen oder werden im Nachhinein als romantische Trugbilder entlarvt, als erzählte Lügen, wie sie die Bücher, die Emma gelesen hat, über das reale Leben verbreiten. Die dort erlebten tiefen Emotionen sind bei Flaubert genauso erfundener Kitsch wie der Märchenprinz, von dem Emma zeitlebens träumt. In ihrem Leben gibt es keine *„messieurs braves comme des lions, doux comme des agneaux, vertueux comme on ne l'est pas"* (MB:325), wie sie in den Romanen stehen und zwar aus dem einfachen Grund, den Flaubert explizit nennt, weil sie sind, wie man nicht ist. Und wenn Emma doch glaubt, einen solchen Romanhelden gefunden zu haben, dann wird er seiner Rolle gerade noch in dem Punkt gerecht, dass sein Abschiedsbrief tönt, als wäre er aus einem romantischen Schunken abgeschrieben. In dieser Szene, wo Rodolpes romantische Klischees auf den trockenen, immer leicht ironischen Erzählton von *Madame Bovary* treffen, treibt Flaubert die Provokation gegenüber seinen romantischen Dichtervorfahren auf die Spitze. Rodolphes Brief ist ein berechnend verfasstes Machwerk und seine Sprache mit Kitsch gefüllte Worthülse. Rodolphe wird hier zur Parodie des Effekt haschenden Dichters, der sein Publikum einwickelt und damit – im Fall von Emma – ins Verderben stürzt.

Madame Bovary wird nicht zuletzt wegen Emmas tragischer Fehlannahme, das Leben sei ein Kitschroman, gern mit *Don Quixote* verglichen.[49] Ihr Unglück ist tatsächlich, wie bei Don Quixote, dem schlechte Ritterromane das Hirn ausgedorrt haben, dass sie im Kloster die Romantiker gelesen hat. An ihnen geht sie zu

Grunde – das zeigt auch die toxikologische Analyse des Gifts, das sie nimmt.[50] Nachdem sie das Arsen geschluckt hat, bleibt ihr zunächst ein schrecklicher Tintengeschmack, „[un] affreux goût d'encre" (MB:579), auf der Zunge. Ihr Gift sind die Buchstaben, die Romane, die sie verschlungen hat. Das Sterben beginnt. Und wenn sie dann tot ist und in ihrem Hochzeitskleid aufgebahrt wird, hebt man ihr den Kopf, um die Krone aufzusetzen, wobei aus ihrem Mund, wie Erbrochenes, eine schwarze Flüssigkeit auf das weisse Kleid schwappt, „un flot de liquides noirs [...] comme un vomissement" (MB:594). Sie erbricht posthum das literarische Gift, die Tinte, die sie von den Blättern gegessen hat und die ihr so schlecht bekommen ist, als schwarze Flüssigkeit auf den weissen Grund, ihr Hochzeitskleid, das jungfräulich weisse Blatt Papier, zurück.

Unter all dem literarischen Gift, unter all den Büchern, die Emma im Kloster gelesen hat, nimmt *Notre-Dame de Paris* eine Sonderstellung ein. Keinen anderen Roman lobt Flaubert in seiner Korrespondenz mehr, keinen anderen widerlegt er in *Madame Bovary* konsequenter. Nicht nur in dieser Hinsicht gleicht Hugos Text Minervas Gewebe, dem Werk, das es im Wettstreit zu überbieten gilt. – Tatsächlich zeigt Flaubert nämlich an einer prominenten Stelle seines Romans, dass Hugo für ihn, wie Minerva für Arachne, der übermächtige Gegner ist, mit dem er sich messen will.

In Hugos Bild der „ἈΝΑΓΚΗ" spielt die Spinne eine wichtige Rolle, und diese Spinne ist gemäss Hélène Tuzet mehr als nur eine Spinne. In ihrem Artikel „L'image du soleil noir" (Tuzet 1957) geht sie der schwarzen Sonne nach, die bei Nerval ihren ersten Auftritt in der Romantik hat und dann bei Hugo ihren Zenit erreicht. Sie zeigt, welche Bedeutung ihr über die Jahrhunderte hinweg in der Astrologie und in der Alchimie zukommt, und das Drama, wenn sie sich, als Gegenteil der leuchtenden Sonne des Tages, vor diese schiebt und sie in der Sonnenfinsternis verdunkelt. Hugo, so Tuzet, stellt die schwarze Sonne auch als Spinne dar. Ihre Beine zeigen dabei die schwarzen Strahlen der Sonne der Nacht, die durch die Fäden ihres Netzes noch verlängert werden.

Déjà dans *Notre-Dame de Paris*, l'araignée était assimilée à Ananké. Dès longtemps elle a pour Hugo une valeur astrale: Saturne lui ressemble, entre les sept lunes qu'il tient liées par des fils invisibles. Et *Magnitudo Parvi*, en deux vers lourds de sens, nous montre

> ... l'araignée, hydre étoilée,
> Au centre du mal se tenant,

Arimane en personne – lui que Hugo devait nommer plus tard: «l'araignée énorme de la Nuit» (Dieu). Elle est fille du Soleil noir dont elle offre l'image; elle, et ses autres créatures repoussantes qui ne sont autre chose que des matérialisations de l'ombre. Araignée, pieuvre: corps globulaire, terne, hideux, venimeux, dévorateur, environné de tentacules, ou de pattes meurtrières que prolongent les fils de la toile, comme autant de rayons de nuit. (Tuzet 1957:491)

Wie die Spinne, das eine Bild für die „fatalité", das bei Emmas Tod überall anzutreffen ist, hat Flaubert auch die schwarze Sonne in seinen Roman eingeschrieben. Ganz in der Nähe von Emmas Sterbeszene kommt sie schon in verschiedenen Versionen der „scénarios" vor.

Kurz bevor Emma das Arsen stiehlt, hat sie Halluzinationen, und zu diesen Halluzinationen schreibt Flaubert in seinen ersten Entwürfen zum Roman: „soleils noirs qui tournent & représentent au milieu la figure de Rodolphe" (SCN:56), „soleils noirs qui tournent. au [sic] milieu des disques moirés [sic] la figure de Rodolphe" (SCN:57), und „soleils noires qui tournent. au [sic] milieu des disques la figure de Rodolphe" (SCN:59). Im fertigen Roman nennt Flaubert die schwarze Sonne nicht mehr explizit, er hat sie inzwischen – und hier lässt sich für einmal seine Verstecktechnik genau beobachten – hinter den Wörtern verschwinden lassen.

> Il lui [Emma] sembla tout à coup que des globules couleur de feu éclataient dans l'air comme des balles fulminantes en s'aplatissant, et tournaient, tournaient, pour aller se fondre dans la neige, entre les branches des arbres. Au milieu de chacun d'eux, la figure de Rodolphe apparaissait. Ils se multiplièrent, et ils se rapprochaient, la pénétraient; tout disparut. (MB:577)

Die schwarze Sonne oder die Spinne in der Dachluke haben auch insofern mit Rodolphe zu tun, als er es ist, der das Wort „fatalité", für das sie unter anderem bei Hugo stehen, in Flauberts Roman einführt. Und dieser Zusammenhang wird nicht erst hier, zum Schluss des Romans deutlich, er zeigt sich bereits viel früher, wenn Rodolphe Emma bei den „Comices" tief in die Augen schaut.⁵¹

> Il se tenait les bras croisés sur ses genoux, et, ainsi levant la figure vers Emma, il la regardait de près, fixement. Elle distinguait dans ses yeux des petits rayons d'or, s'irradiant tout autour de ses pupilles noires, […] (MB:425)

Hugos Spinne versperrt der Fliege den Weg zum Licht in der Dachluke – oder eben für Esmeralda den Weg zu Phœbus, der, so helfen Gringoires Latein-Kenntnisse, auf deutsch Sonne heisst. Die Spinne kommt in der Dachluke als schwarze Sonne vor das Licht, die Sonne des Tages zu liegen, sie ist das schwarze Zentrum in der hell erleuchteten Luke – und genau dieses Bild sehen wir auch bei Charles' und Emmas erster Begegnung, im Ess- und Schlafzimmer auf les Bertaux, auf jener Zeichnung, die Emma von Minerva für ihren Vater gemacht hat. Sie ist die erste Verbindung zum Arachne-Mythos in Flauberts Roman.

> Il y avait, pour décorer l'appartement, accrochée à un clou, au milieu du mur dont la peinture verte s'écaillait sous le salpêtre, une tête de Minerve au crayon noir, encadrée de dorure, et qui portait au bas, écrit en lettres gothiques: « A mon cher papa ». (MB:305)

Emma hat Minervas Kopf mit schwarzem Farbstift gemalt und goldenen umrahmt. Der schwarze Kopf auf goldenem Grund, das kommt visuell der Sonnenfinsternis, wie sie die Spinne in der erleuchteten Dachluke darstellt, schon recht nahe. Flaubert geht aber weiter, malt das Bild mit Klangfarben zu Ende. Er zeigt „une tête de Minerve au crayon noir, encadrée de dorure", und dieser „crayon noir", den Emma benutzt hat, umgibt nun durch seinen Klang die schwarze Sonne mit ihren „rayons noirs", mit den schwarzen Sonnenstrahlen, die in Hugos Bild die schwarzen Spinnenbeine darstellen. Flauberts Minerva auf les Bertaux, das ist Hugos schwarze Sonne, die Spinne in der Dachluke, das Symbol für „'ΑΝΑΓΚΗ", die „fatalité". Statt Arachne, die von Minerva verwandelt wird, verwandelt Flaubert in Emmas Zeichnung die Göttin selbst in eine Spinne, in Hugos „araignée hideuse", die den Weg zum Licht versperrt. Was Flaubert quasi als Binnenzeichnung an Verweisen auf Ovid und dessen Verarbeitung durch Hugo in Emmas Bild eingemalt hat, das findet seine Pointe im Text, den Emma unter die Zeichnung setzt. Emma schreibt „en lettres gothiques: «A mon cher papa»." Und für gotische Schönschrift, „calligraphie gothique", hält auch der Verfasser von *Notre-Dame de Paris* die Buchstaben „'ΑΝΑΓΚΗ", die er in der gotischen Kathedrale findet (ND:3). Der gotischen Schönschrift, in der das griechische Wort bei Hugo steht, entspricht bei Flaubert die gotische Schrift unter der griechischen Göttin. Sie verrät die wahre Bedeutung der Wörter „A mon cher papa". Es ist die ironische Widmung des eigenen Werks an den Dichtervater, den „père Hugo", wie ihn Flaubert in seiner Korrespondenz gern nennt. Es ist Widmung und Wettkampfansage in einem, denn was das Motiv des gewidmeten Werks bereits nahe legt, das wird wenige Zeilen weiter durch die Szene bestätigt, die sich nun im Zimmer auf les Bertaux unter den Augen von Minerva abspielt. Was Flaubert hier erzählt, stammt nämlich aus Arachnes Gewebe – Flaubert berichtet in dieser Szene sogar eine der wunderbarsten Metamorphosen überhaupt.

Der erste Ausschnitt, den man bei Ovid von Arachnes Gewebe zu sehen bekommt, zeigt Jupiter als Stier mit Europa (MM:202), und diese Szene stellt Flaubert auf les Bertaux nach. Die Rede ist von Charles' und Emmas obszöner Peitschensuche (MB:306), mit der sich schon das dritte Kapitel des vorliegenden Buches befasst hat. Mit Hilfe des „nerf de bœuf", den Charles verlegt und den Emma für ihn wieder findet, verwandelt Flaubert dort Charles wie Jupiter in einen Stier. Er macht, in einer jener Metamorphosen zur Lust, wie sie Arachne webt, die Metamorphosis Jovis zur Metamorphosis Bovis, lässt Charles' Verwandlung die Verführung folgen und ihn Emma von les Bertaux wegbringen, wie Jupiter Europa entführt. Diese Szene, die sprachlich bis ins letzte Detail ausgearbeitet, die so dicht gewoben ist, dass jedes einzelne Wort, mit ihm jeder Satz und so der ganze Abschnitt seine zweite und dritte Bedeutung findet, das ist der perfekte Text, den Flaubert als Herausforderer vorlegt. In ihm soll keiner auch nur den kleinsten Fehler finden.

Was Flaubert auf les Bertaux in Szene setzt, ist ein neuer Wettkampf um die Vorherrschaft in der Webkunst. Es gewinnt das raffinierteste Wortgeflecht. Und in diesem Wettstreit schreibt er sich selbst, das zeigt er durch die Wahl seines Motivs, das aus Arachnes Gewebe stammt, den Part der ungekrönten Siegerin zu und zwingt Hugo in die undankbare Rolle von Minerva, der zu enttrohnenden Altmeisterin. So formuliert er seinen Anspruch auf den Rang des grössten Dichters, noch vor Hugo – wie Arachne, die vor einem übermächtigen Gegner auch nicht kuschen mag und so ihrem Schicksal zustürzt, „in sua fata ruit" (MM:200), dem „fatum", der „'ΑΝΑΓΚΗ" oder eben der „fatalité", mit der alles begonnen hat.

ANMERKUNGEN

1 Das Wort „fatalité" in *Madame Bovary* war unter anderen als den hier dargestellten Aspekten immer wieder Thema der Kritik. So sieht bereits Colling Flauberts Roman als einen der „grands romans de la fatalité" (1947:170). Gothot-Mersch teilt in der „Introduction" zu ihrer Ausgabe von *Madame Bovary* Collings Meinung und führt aus, dass Flauberts Erzählsystem, das ohne Überraschungen auskomme, auf der Vorbestimmtheit des Geschehens beruhe (1971:XXVII – XXVIII). In neuerer Zeit kommentiert Masson Flauberts stets ironisch gebrochene Verwendung des Wortes „fatalité" (1997:35), und Schulz-Buschhaus zeigt, wie bei Flaubert dieses „grand mot" als Parodie auf grosse Worte, die es zu entlarven gelte, benutzt wird (1997). Zum hier zitierten Dialog zwischen Charles und Rodolphe sei Haehnels akribische Untersuchung zu den Stabreime bildenden Konsonantenpaaren v/v und f/f hervorgehoben (2001:459–464).

2 Bismut sieht in dieser Szene vielmehr Parallelen zu einer Stelle in *Les Ames du Purgatoire* von Mérimée (Bismut 1963a:39). Pommier zieht zur gleichen Passage Vergleiche zu Balzacs *Le Père Goriot* (Pommier 1961a:18).

3 Der *Grand dictionnaire universel du XIXe siècle* unterscheidet die zwei Begriffe wie folgt: „Ce qui est *fané* a perdu sa fraîcheur, mais n'est pas mort et peut quelquefois reverdir. Une chose *flétrie* n'a plus ni fraîcheur, ni suc, ni vie; elle a fait son temps, est ridée, déformée, n'a plus rien qui puisse charmer, a perdu toute valeur." (Larousse 1866–1878: Band 8:86).

4 Seebachers Vortrag erscheint erst zwei Jahre nachdem er ihn gehalten hat in gedruckter Form (1975). Bismut, der zu jener Zeit vor allem in der Zeitschrift *Les Amis de Flaubert* mehrere Artikel zu möglichen Quellen von *Madame Bovary* veröffentlicht, benutzt Seebachers Entdeckungen schon 1974, um seinerseits Spuren nachzugehen, die von Flauberts *La Légende de saint Julien l'Hospitalier* zu Hugos Roman führen (Bismut 1974). Dreizehn Jahre später nimmt er erneut auf Seebacher Bezug und deckt nun Ähnlichkeiten zwischen Djalioh, dem Protagonisten von Flauberts Jugenderzählung «*Quidquid volueris*», und Quasimodo auf (Bismut 1987).

5 Flaubert beginnt zu jener Zeit gerade mit der Arbeit an den „Comices agricoles". Im selben Brief lesen wir: „Ce soir, je viens d'esquisser toute ma grande scène des Comices agricoles." (CORR II:386).

6 Im erwähnten Brief an Victor Hugo vom 15. Juli, 1853, der durchaus als Pastiche von Hugos Stil gelesen werden darf, wird *Notre-Dame de Paris* ebenfalls genannt: „Cependant, puisque vous me tendez votre main par-dessus l'Océan, je la saisis et je la serre. Je la serre avec orgueil, cette main qui a écrit *Notre-Dame* et *Napoléon le Petit*, cette main qui a taillé des colosses et ciselé pour les traîtres des coupes amères, qui a cueilli dans les hauteurs intellectuelles les plus splendides délectations et qui, maintenant, comme celle de l'Hercule biblique, reste seule levée parmi les doubles ruines de l'Art et de la Liberté!" (CORR II:383).

7 Zu den ersten Seiten von *Madame Bovary* ist ausserordentlich viel geschrieben worden. Besonders hervorgehoben seien hier Duchets Artikel „Pour une socio-critique ou variations sur un incipit" (1971), der anhand einer soziolinguistischen Lektüre des ersten Satzes des Romans aufzeigt, wie Flaubert das Vorwissen seines Lesers zum Einstieg in sein fiktives Universum benutzt, sowie Raitts „Nous étions à l'étude..." (1986), der ausgehend vom initialen „Nous", welches einen „narrateur homodiégétique" einschliesst, der sich schon bald in die Kulissen zurückzieht, dem mysteriösen Erzähler dieser ersten Seiten nachgeht. Dem gleichen Thema nimmt sich auch Magné an (1991). Schliesslich sei als Kommentar von Charles ganzem erstem Schultag Lafays Kapitel „*Charbovari*" empfohlen (1986:133–147).

8 Quasi als Einführung in Flauberts Onomastik empfiehlt sich Pommiers Kapitel „Noms et prénoms dans *Madame Bovary*" (1967). Zum Namen Bovary im Speziellen sei hier auf eine Passage in Duchets „Signifiance et in-signifiance: Le discours italique dans *Madame Bovary*" hingewiesen. Er zeigt darin, wie Emma unter dem Namen Bovary, den sie durch die Heirat mit Charles von diesem übernommen hat, leiden muss (1975:362). Culler wiederum spielt auf dem Namen Emma Bovary und meint, sie sei „celle qui aima Bovary" (1981:77). Später zerlegt er die Personenbezeichnung „le *nouveau*" in ihre zwei Silben „nous" und „veau", was ihn nach Einbezug der viehischen Namen Bovary, Vaufrylard und Tuvache schliessen lässt: „[...] we might conclude that it is not a realist novel so much as a vealist novel." (Culler 1981:78). Haehnel schliesslich weist darauf hin, dass der in Bovary enthaltene Bestandteil *bove* im Dialekt des Artois Kellerverliese oder unterirdische Felsgrotten benennt, die als Lager oder Versteck dienten und sieht darin einen Hinweis auf ein im Roman verborgenes Geheimnis (2001:75).

9 Vgl. Gothot-Mersch (1966:202–203) und (1971: 452).

10 Es sei dennoch am Rande bemerkt, dass Flaubert, kaum ist der erste Teil des *Livre posthume* erschienen, am 9. Dezember 1852 bei Louise Colet

darüber spöttelt, Du Camp inspiriere sich etwas zu stark bei ihm: „Je ne sais si je m'abuse (et ici ce serait de la vanité), mais il me semble que dans tout *Le livre posthume* il y a une vague réminiscence de *Novembre*, et un brouillard de moi, qui pèse sur le tout; ne serait-ce que le désir de Chine à la fin: « Dans un canot allongé, un canot de bois de cèdre, dont les avirons minces ont l'air de plumes, sous une voile faite de bambous tressés, au bruit du tam-tam et des tambourins, j'irai dans le pays jaune que l'on appelle la Chine», etc. Du Camp ne sera pas le seul sur qui j'aurai laissé mon empreinte. Le tort qu'il a eu c'est de la recevoir." (CORR II:201).

11 „Et l'on entendait par-dessus toutes les voix celle de *Johannes de Molendino*, qui perçait la rumeur comme le fifre dans un charivari de Nîmes:[...]." (ND:23.) und: „[...] et, au milieu du brouhaha, c'était un effrayant charivari de blasphèmes et d'énormités [...]." (ND:36). Haehnel vergleicht den „charivari", den die Schüler in der Eröffnungsszene von *Madame Bovary* veranstalten mit dem Krach, den Djalioh in «*Quidquid volueris*» macht (Haehnel 2001:496).

12 Die Beschreibung der „casquette" gehört zu den beliebtesten Objekten der Flaubert-Kritik. Hier nur eine kleine Auswahl an Literatur zu diesem Thema. Aus neuerer Zeit muss bestimmt Philippots Artikel „La casquette de Charles Bovary ou le chef-d'œuvre inconnu de l'autolâtrie bourgeoise" (1994) erwähnt werden. Er zeigt darin, wie schwierig es ist, die Symbolhaftigkeit von Charles Kappe zu ergründen und deutet an, wo andere Kritiker, wie Brombert (1966:41), Gothot-Mersch (1971:LXI) oder Culler (1974:92) auf Grenzen stossen: „Leur erreur est d'avoir voulu réduire le paradoxe explicite qui oppose « muette » à « profondeurs d'expression », et qui se retrouve, redoublé, dans l'antinomie de « profondeurs » et d'« expression ». À la fois insignifiante et expressive, la casquette est bien un symbole, mais c'est un symbole muet; son éloquence est silencieuse, ou son silence est éloquent." (Philippot 1994:220). Interessant sind auch die Vergleiche, die Bargues-Rollins zwischen Charles Mütze und anderen Kopfbedeckungen, die in *Madame Bovary* vorkommen, anstellt (1998:107–108). Neben den bereits oben genannten grossen Namen der Flaubert-Kritik, sei hier auch schon auf Tanner (1979:239) und Ricardou (1975) hingewiesen, auf die später noch genauer eingegangen wird.

13 Mailhos nennt das Monster „un composite particulièrement manifeste" und kommt über Platon, Äsop und La Fontaine auch auf Quasimodo und dessen Ähnlichkeit mit den steinernen Monstern der Notre-Dame zu sprechen (1998:68–69). Brombert geht den in diesem Zusammenhang interessanten hybriden Formen nach, die Quasimodos Verwandschaft mit der Kathedrale Notre-Dame unterstreichen (1984:51–56).

14 Der Vergleich mit einer Fledermaus mag an La Fontaines *La chauve-souris et les deux belettes* erinnern: „Je suis Oiseau: voyez mes ailes; [...] Je suis Souris; vivent les Rats [...]" (FAB:75–76).
15 Alle nun folgenden Bezeichnungen für das Findelkind sind Buch IV, Kapitel I, „Les bonnes âmes", entnommen (ND:139–142).
16 Ricardou sieht in den in der Kappenbeschreibung auffällig häufig vorkommenden Konsonanten „c" und „b" Charles Initialen eingeschrieben (1975:100–101). Vgl. dazu auch die auf Ricardous Vortrag folgende Diskussion (Gothot-Mersch 1975:103–124). Culler nimmt ein paar Jahre später Stellung zu Ricardous Ausführungen, begegnet ihnen aber skeptisch (1981:77). Douchin verbindet die Initialen-Theorie mit eigenen Zahlenspielereien und zieht aus ihnen Schlüsse, die mehr als spekulativ erscheinen (1981a und 1981b:21). Der bei Douchin und teilweise auch bei Ricardou beobachtete Drang zur Systematisierung von Flauberts Arbeitsweise trägt wohl mehr zu deren Mystifizierung bei, als dass wirklich Klarheit geschaffen würde.
17 Tanner geht in seiner Besprechung der Kappenbeschreibung auf die gleichen drei Wörter „sac", „cordon" und „gland" ein, deutet sie aber auf andere, nicht weniger interessante Weise: „[...] there is one more aspect to the cap that is hard to define and isolate, since it shimmers evasively somewhere within the unfolding of this whole mélangerie, but it seems to me undeniably to be there. I can perhaps approach it indirectly by pointing out that the word *sac* is also used for the amniotic sac; the word *cordon* is also used for the umbilical cord; and the word *gland*, while undoubtedly meaning „tassel", as the standard translations indicate, is also used in anatomy to refer to the glans and is even now used colloquially to refer to the testicles (hardly surprising, since it also means acorn). What the cap seems to contain among all the other things mentioned is a fragmented recapitulation of the period in the womb and the birth process." (1979:239). Zu den „verlarvten Obszönitäten" die eine andere Kopfbedeckung, Helmbrechts Kappe, „der schönste Hut der deutschen Literatur", zeigt, vgl. von Matt 1995:51–58.
18 Zu Charles erstem Besuch auf les Bertaux sei „un essai de commentaire génétique de l'épisode des Bertaux dans *Madame Bovary*" von Kazuhiro Matsuzawa empfohlen (1997).
19 Ohne speziell auf die hier behandelte Stelle einzugehen, zeigt Mercié, wie häufig Flaubert doppeldeutige Objekte verwendet, um seinem Text einen zweiten Sinn einzuschreiben (1978:55–56). Bargues-Rollins geht wiederum den verschiedenen Reitpeitschen, die sie ebenfalls als phallische Symbole deutet, nach, die in *Madame Bovary* vorkommen

(1998:112–113). Haehnel sieht zwar lautliche Parallelen zwischen der Szene zu Beginn des Romans, als Charles seine „casquette" sucht und der hier ablaufenden Peitschensuche, ohne aber auf den thematischen Zusammenhang der beiden Stellen einzugehen (2001:384–385). Breut nennt schliesslich verschiedene Stellen in *Madame Bovary*, in denen der Mann hinter die Frau zu stehen kommt und so sexuelle Konnotationen weckt, wie sie zum Schluss des Romans im Lied des Blinden, in dem der Wind dem Mädchen, das sich über die Ackerfurchen beugt, das Röckchen hebt, verdichtet vorkommen (1994:90–97).

20 Dieser Irrtum war natürlich schon zu Flauberts Zeit im Volk verbreitet. Der *Grand dictionnaire universel du XIXe siècle* schreibt dazu: „L'Académie, adoptant une singulière erreur populaire, a vu dans le nerf de bœuf un membre génital désséché." (Larousse 1966–1978: Band: 11:932).

21 Wie stark Feuchtigkeit bei Flaubert der Libido zuträglich ist, zeigt Richard. Er kommt dabei auch auf Emma unter dem taubenhalsgrauen Sonnenschirm zu sprechen (1954:157–164).

22 In seiner frühen Erzählung «*Quidquid volueris*» zeigt Flaubert, wie eng bei ihm der „lorgnon" zum Verb „lorgner" gehören kann. Auf einem Fest schaut M. Paul den schönen Frauen nach: „Il avait un lorgnon en écaille incrusté d'or, et il lorgnait toutes les femmes en se dandinant sur son fauteuil de velours cramoisi." (QQV:252).

23 Richard behandelt etliche Aspekte der Nahrungsaufnahme und Verdauung bei Flaubert (1954:117–219). Vinken geht dem gemeinsamen Nexus der drei Komplexe – Lieben, Lesen, Essen – in *Madame Bovary* nach (2002).

24 Zur Symbolrolle verschiedener Objekte in *Madame Bovary* vgl. Gothot-Mersch (1966:226–227). Für Culler liegt Flauberts Liebe zu Objekten wie der „pièce montée" oder dem „jouet" vor allem in deren Dummheit begründet, dem Umstand, dass die Dinge, aus denen sie sich zusammensetzen, allesamt Zweck entfremdet wurden (1974:171–173). Tanner sieht im Aufbau der Torte, unten Tempel, in der Mitte Burgturm und oben pastorale Landschaft die Degeneration der Gesellschaft eingeschrieben: „One could say that this object is an implicit comment on the degeneration of society from the religious age, through the heroic age, finally evolving into the placid age of the pastoral-bourgeois." (1979:285).

25 Ein Teil dieses Kapitels ist in ähnlicher Form schon unter dem Titel „Den die Pferde nicht loslassen" in der *Neuen Zürcher Zeitung* erschienen (Zollinger 2001).

26 Masson sieht seinerseits die bevorstehende Operation bereits durch den

Verlust des rechten Fusses des „curé de plâtre" im letzten Kapitel des ersten Teils angekündigt (1997:33).

27 Zum Namen Hippolyte hat sich die Kritik verschiedentlich geäussert. Pommier (1967) glaubt, Flaubert habe den Namen im *Traité pratique du pied-bot*, den er für die Operationsszene konsultiert hat, gefunden. Man finde dort schon im Inhaltsverzeichnis einen Pierre *Hippolyte* Vincent (Pommier 1967:154). Der *Traité pratique du pied-bot* selbst ist vom Autor dieser Zeilen nicht konsultiert worden, er wurde daher auch nicht ins Literaturverzeichnis aufgenommen. Emptaz liefert aber eine detaillierte Abhandlung über dieses Werk (2001). Mouchard und Neefs weisen auf Hippolytes sprechenden Namen hin (1986:161–162). Busi deutet eine mögliche Verbindung zwischen dem Stallburschen und dem heiligen Hippolyt an, verfolgt sie aber nicht weiter (1990:98). Bargues-Rollins schliesslich zeigt klare Parallelen, die Flauberts Text mit der Legende vom heiligen Hippolyt aufweist, auf welche er durch die Wahl dieses Namens hindeutet. Sie widmet sich einem äusserst interessanten Aspekt des Themas, der im vorliegenden Buch aber nicht weiter thematisiert wird, darum hier ihre Beobachtungen: „Le prénom d'Hippolyte n'est pas anodin. Dans la *Légende Dorée*, il est porté par un saint qui fut martyrisé par Décius, attaché par les pieds à deux chevaux indomptés. On lit dans l'ouvrage de Jean de Voragine, que le premier miracle d'Hippolyte fut de remettre la jambe d'un cultivateur, nommé Pierre: « Alors le martyr, prenant la jambe où elle était cachée, la replaça, et Pierre sentit une si vive douleur qu'il poussa de grands cris. Tous les gens de la maison accoururent à ce bruit... et ils virent que Pierre avait de nouveau ses deux jambes... Pierre boita durant toute une année.» Enfin, la Vierge lui apparut avec saint Hippolythe, à qui elle ordonna de guérir tout à fait Pierre. Aussitôt guéri, il se fait moine: « ... et le diable lui apparaissait très souvent sous la forme d'une femme nue ». Pour se débarrasser de la tentation, Pierre jette son étole au cou du fantôme qui s'évanouit aussitôt, et « il ne resta dans la chambre, gisant sur le carreau, qu'un cadavre horriblement infect... ».

Il est évident que Flaubert pense à cette *Légende* en choisissant le prénom du jeune « martyr » de son roman. De plus, le dédoublement d'Hippolyte en saint Antoine, suggéré dans la *Légende* par la conversion du jeune homme en moine, et les tentations qu'il subit, est également évoqué par Flaubert dans le choix du nom de famille du garçon d'écurie, Tautain. En effet, on se souvient que le Taut est l'insigne de saint Antoine. Mais si Charles prend le rôle légendaire d'Hippolyte en essayant de guérir le pied-bot après avoir remis avec succès la jambe cassée du cultivateur normand, c'est Emma, en saint Antoine tenté par la Tentation elle-même, qui lui souffle ce rôle. Le pauvre valet, véritable bouc émissaire, devient donc l'incarnation de la tentation diabolique (celle de l'orgueil dans ce cas), offerte au couple maudit des Bovary." (Bargues-Rollins 2001:165–166).

28 Die hier abgebildete Skizze zum Gemälde ist *Le renouveau de la peinture en France (1800–1860)* entnommen (Foucart 1987:Fig. 28). Von dort stammen auch die weiteren Angaben zum Bild (179–181). Das Original, Heims Ölgemälde, ist auf einer Photographie, die bei der Weltausstellung 1855 vom Grand Salon de l'Exposition des Beaux-Arts gemacht wurde, zu erkennen, und bestätigt, dass es sich hier um einen äusserst detailgetreuen Entwurf handelt (Brunhammer 1983:30).

29 Der *Grand dictionnaire universel du XIXe siècle* beschreibt den „brodequin" wie folgt: „La question des *brodequins* se donnait de diverses façons. Le plus souvent, on enfermait les pieds, les jambes et les genoux entre quatre planches de chêne, deux en dedans et deux en dehors, que l'on attachait ensuite solidement avec plusieurs tours de cordes. Cela fait, on enfonçait, à coups de maillet, un certain nombre de coins entre les deux planches du milieu, un aux chevilles et les autres au niveau des genoux: il y avait quatre coins pour la question ordinaire et huit pour la question extraordinaire. La pression était si forte qu'elle broyait les chairs et faisait éclater les os [...]" (Larousse 1866–1878: Band 2:1298).

30 Emptaz geht ausführlich auf den *Traité pratique du pied-bot*, der vom Autor der vorliegenden Seiten nicht konsultiert wurde, ein und vergleicht Flauberts Klumpfuss-Passage und Duvals Werk bis ins letzte Detail miteinander (2001). Martin erwähnt schon in den Fünfzigerjahren, dass Flaubert Duvals Fachausdrücke zum Klumpfuss in der gleichen Reihenfolge nennt, wie sie schon im Inhaltsverzeichnis von Duvals Werk stehen (Martin 1956:26). Zu Flauberts chirurgischen Nachforschungen vgl. auch Gothot-Mersch (1966:200–201). Zur Vorbereitung, Durchführung und Nachbehandlung des Klumpfusses sei auch Emptaz Kapitel „L'opération du pied bot" empfohlen (2002:21–81). Haehnel wiederum erläutert, wie die Klumpfussoperation dazu beiträgt, Charles als Romanfigur zu entwerten (2001:280–291).

31 Dass Flaubert seine Szene einem Bild nachstellt, das er in einer Kirche gesehen hat, erinnert an den letzten Satz von *La Légende de saint Julien L'Hospitalier*: Zu dieser Legende habe ihn nämlich, so behauptet der Erzähler dort, ebenfalls ein Bild inspiriert, das er in einer Kirche gesehen hat. „Et voilà l'histoire de saint Julien l'Hospitalier, telle à peu près qu'on la trouve, sur un vitrail d'église, dans mon pays." (LG:648).

32 Bismut ist allerdings nicht der erste, der Djaliohs Ähnlichkeit mit Quasimodo bemerkt. Don Demorest weist schon etliche Jahre früher darauf hin (1931:78–79). Vgl. dazu auch Aprile (1976:385–386).

33 Gothot-Mersch sieht in ihren „Notes" zu «*Quidquid volueris*» in den „volcans d'Islande" einen Verweis auf Hugos monströsen Einzelgänger Han d'Islande (Gothot-Mersch 2001:1292).

34 Pommier vermutet, ein Bild von Alfred Dedreux könnte Flaubert zur Djali-Episode inspiriert haben (1951:4). Vgl. dazu auch Gothot-Mersch (1966:203).

35 Butler vermutet, Emma habe wohl nur mit Flauberts Hilfe eine so komplexe Metapher zu Stande gebracht (1982:26–27).

36 Vgl. dazu auch Gohin (1985).

37 «*Phœbus*», disait-elle à mi-voix. Puis se tournant vers le poète: «*Phœbus*, qu'est-ce que cela veut dire?» Gringoire, sans trop comprendre quel rapport il pouvait y avoir entre son allocution et cette question, ne fut pas fâché de faire briller son érudition. Il répondit en se rengorgeant: «C'est un mot latin qui veut dire *soleil*.

- Soleil! reprit-elle.

- C'est le nom d'un très bel archer, qui était dieu, ajouta Gringoire.

- Dieu!» répéta l'égyptienne. (ND:105).

38 Zum Spinnen-Thema in *Madame Bovary* sei vor allem Lowes Artikel „Emma Bovary, a modern Arachne" (1972) empfohlen, auf den hier später genauer eingegangen wird. Bargues-Rollins zeigt, wie häufig in Flauberts Roman die Spinne vorkommt und wie viel gewoben wird und vermutet darin eine implizite Präsenz Arachnes, die Emmas Schicksal spinne (1998:129–131 und 198–199). Auch Masson deutet die Spinne als Symbol für Emmas Schicksal (1997:31–32). Privat bringt die Spinne mit der Volksweisheit in Verbindung, die besagt, dass man Geld bekomme, wenn die Spinne sich an ihrem Faden hinab lasse, wenn sie sich hochziehe, werde man nicht bezahlt (1994:28).

39 Zum „rouet", zu den Namen Rolet und Rouault und deren Zusammenhang mit dem Spinnen und Weben in *Madame Bovary* äussert sich schon Lowe (1972:35). Bargues-Rollins bringt diese Namen zusätzlich mit der „Roue de la Fortune" in Verbindung (1998:131).

40 Im Ausstellungskatalog *La gloire de Victor Hugo* findet man auf Seite 578 die Lithographie von Jazet zu diesem Bild. Das Bild selbst konnte vom Autor dieser Seiten nicht ausfindig gemacht werden.

41 Das Bild ist dem Ausstellungskatalog *Les années romantiques* entnommen (Julia 1995:Planche 113). Von dort stammen auch die weiteren Angaben zum Gemälde (436–437).

42 Die zwei zu vergleichenden Szenen und damit alle nun folgenden Zitate sind (MB:566–568) und (ND:381–384) entnommen.
43 Es ist natürlich anzunehmen, dass in Guillaumins Esszimmer nicht Steubens Original, sondern eine Litographie davon hängt. Was Emma sieht, wäre dann also das Abbild vom Abbild vom Original.
44 Jean Gaudon schreibt dazu: „Dans la peinture de Steuben [...], le personnage était représenté dans la cellule de Quasimodo, que l'on apercevait dans l'ombre. Au premier plan, le sifflet donné par Quasimodo, dont Hugo avait spécifié que la Esméralda l'avait laissé à terre, ce qui atteste, de la part de l'artiste, une lecture attentive, ou plutôt littérale. Mais le littéral n'est jamais un gage de fidélité. La tradition emblématique autant que le goût de son public poussent Steuben à donner au groupe de la jeune fille et de la chèvre je ne sais quoi de lascif qui est parfaitement incongru, puisque c'est dans ce chapitre que Hugo insiste sur la «pudeur» de la Esméralda qui prend, pour s'habiller, des précautions excessives pour éviter les regards indiscrets. L'illustration fait donc du consommateur un voyeur." (1986:512).
45 „Elle [Emma] déclarait adorer les enfants; c'était sa consolation, sa joie, sa folie, et elle accompagnait ses caresses d'expansions lyriques, qui, à d'autres qu'à des Yonvillais, eussent rappelé la Sachette de *Notre-Dame de Paris*." (MB:388).
46 Nur am Rande sei bemerkt, dass Emma ihren Namen vielleicht Quasimodos Liebe zu Esmeralda verdankt. Emma hiess nämlich nicht immer Emma, und Quasimodo war nicht immer in Esmeralda verliebt. Wie Charles hat auch er zweimal geheiratet. Bevor er, wie eben gesehen, im letzten Kapitel von Hugos Roman „Mariage de Quasimodo" (ND:498–500) im Tod mit Esmeralda zusammenkommt, lebt er bereits eine Ehe und zwar mit der grossen Glocke von Notre-Dame, sie heisst Marie: „Or, donner la grosse cloche en mariage à Quasimodo, c'était donner Juliette à Roméo." (ND:155). Und diese Ehe wird im Gegensatz zu seiner Ehe mit Esmeralda auch tatsächlich vollzogen. Wenn Quasimodo, bevor er die Glocken läutet, zuerst Marie streichelt, mit ihr über die Schmerzen spricht, die sie haben wird, mehr und mehr in Ekstase gerät, bis er schliesslich auf sie aufspringt und sie reitet, dann erzählt Hugo ohne gross zu Vertuschen den Beischlaf (ND:152–153). Brombert meint zu Quasimodos Verhältnis zur grossen Glocke: „The strong sexual charge of this love relation is nowhere more apparent than in the elaborate description of Quasimodo's ecstasy as he rings the bells. The choice and the sequence of verbs (*flatter, commencer, s'ébranler, palpiter, frissonner, déchaîner, saisir, étreindre, éperonner, hennir*) unmistakably

suggest an orgasmic crescendo." (1984:60). Und wie die erste Frau von Quasimodo, den wir schon ganz zu Beginn des Romans, in der Kappenbeschreibung, zu Charles assoziieren sollen, heisst im ersten „scénario" auch noch Charles zweite Frau. Dort liest man: „Me Bovary Marie (signe Maria, Marianne ou Marietta)" (SCN:1). Maria, Mutter Gottes, oder eben Notre-Dame, für den, der die Titel *Madame Bovary* und *Notre-Dame de Paris* näher zusammen rücken möchte. Und vielleicht ist es darum auch kein Zufall, dass der Name, den ihr Flaubert dann tatsächlich gegeben hat, bereits, wenn auch nur bruchstückhaft, im Namen von Quasimodos zweiter Frau enthalten ist. In Esmeralda kommt Emma klanglich genauso vor, wie übrigens auch Adèle, die Frau, die Djalioh, Quasimodos Doppelgänger in «*Quidquid volueris*», begehrt.

47 Zur Herkunft des Liedes des Blinden vgl. Gothot-Mersch (1966:203). Riffaterre äussert sich zu den im Lied enthaltenen sexuellen Konnotationen (1981:10). Vgl. dazu auch M. Breut (1994:90–97). Vinken zeigt, inwiefern das Lied des Bettlers autoreferentiell ist und wie in ihm sexuelle Liebe und Todesverfallenheit des Fleisches verdichtet behandelt werden: „Das Lied des blinden Bettlers von der Ährenlese der Nanette ist autoreferentiell; Flaubert benennt darin seine Gattung. Der realistische Roman ist ein Spicilegium.[...] Was bleibt in diesem modernen Spicilegium ist nicht geistlicher Sinn, Liebe Gottes und Auferstehung des Fleisches, sondern auf der einen Seite die buchstäbliche Todesverfallenheit des Fleisches, die weiblich konfiguriert ist. Von ihr singt der blinde Bettler in der von Liebe träumenden, sich ährenlesend über die Furchen beugenden Nanette, der der heisse Sommerwind das Röckchen hochweht. Erotische Pose – das Nachvornebeugen und Entblössen des Geschlechts – und Tod – Nanette beugt sich über die Erdfurchen, in denen das Korn stirbt, um neu zu wachsen – schmelzen in dieser Figur zusammen, die die sexuelle Liebe als eine zum Tode darstellt; im übrigen bringt dieses Lied im Ährenlesen noch einmal eine Allusion an Brot und Speise, von Tod und Auferstehung. Verstärkt wird die Assoziation zwischen Tod und Lust, zwischen der buchstäblichen Todesverfallenheit des Fleisches durch das Aushauchen der Seele der Madame Bovary, die gleichzeitig mit dem das weibliche Geschlecht entblössenden Windstoss des Liedes geschieht." (Vinken 2002:355). Zur Rolle des blinden Bettlers im Roman seien die drei Artikel „The Role of the Blind Beggar in *Madame Bovary*" (Sachs 1982), „*Madame Bovary's* Blind Man: Symbolism in Flaubert" (Wetherill 1970) und „L'aveugle et sa signification dans *Madame Bovary*" (Aprile 1976) empfohlen.

48 Vgl. dazu auch Bargues-Rollins (1998:130).

49 Levin geht auf Parallelen zwischen *Don Quixote* und *Madame Bovary* ein (1963). Vgl. dazu auch Sachs (1976:179).

50 Vinken zeigt neben anderen Aspekten des Essens als Metapher für das Lesen bereits ausführlich den hier kurz geschilderten Zusammenhang zwischen körperlich und geistig wirkendem Gift, zwischen Arsen und Literatur (2002:353–354).

51 Bargues-Rollins nennt in ihrer Aufzählung von Stellen, wo in *Madame Bovary* die Spinne vorkommt, diese Zeilen ebenfalls und sieht auch schon ihren Bezug zu Emmas Halluzinationen. Sie schreibt dazu: „On retrouve dans le verbe irradier l'image de rayons qui partent d'un centre, comme la toile de l'araignée Arachné; ce centre est noir, comme le cœur de Rodolphe, comme l'enfer où il va entraîner Emma. La magie contenue dans ce regard, dont les rayons trompeurs brillent au soleil, où se reflètent les feux du souvenir, aura un écho dans l'hallucination fatale, celle où Emma voit, dans chaque globule de feu qui assaille sa conscience en folie, tourner la tête de Rodolphe." (1998:195).

Literaturverzeichnis

1. Texte von Gustave Flaubert

a) Gesamtausgaben

Flaubert, Gustave. 1910–1933. *Œuvres complètes de Gustave Flaubert*. 22 Bde. Paris. Conard.

Flaubert, Gustave. 1964. *Œuvres complètes*. Préface de Jean Bruneau, présentation et notes de Bernard Masson. 2 Bde. Paris. Seuil.

b) Madame Bovary und ihre Vorstufen

Flaubert, Gustave. 1949. *Madame Bovary: Nouvelle Version précédée des scénarios inédits*. Textes établis sur les manuscrits de Rouen avec une introduction et des notes par Jean Pommier et Gabrielle Leleu. Paris. Corti.

Flaubert, Gustave. 1951. *Madame Bovary: Mœurs de province*. In: *Flaubert: Œuvres I*. Édition établie et annotée par A[lbert] Thibaudet et R[ené] Dumesnil. Paris. Gallimard. (Bibliothèque de la Pléiade).

Flaubert, Gustave. 1971. *Madame Bovary: Mœurs de province*. Sommaire biographique, introduction, note bibliographique, relevé des variantes et notes par Claudine Gothot-Mersch. Paris. Garnier frères.

Flaubert Gustave. 1995. „Le Manuscrit". In: *Plans et scénarios de «Madame Bovary»: Gustave Flaubert*. Présentation, transcription et notes par Yvan Leclerc. Paris. CNRS.

c) Flauberts Korrespondenz

Flaubert, Gustave. 1973. *Correspondance I*: (janvier 1830 à juin 1851). Édition établie, présentée et annotée par Jean Bruneau. Paris. Gallimard. (Bibliothèque de la Pléiade).

Flaubert, Gustave. 1980. *Correspondance II*: (Juillet 1851 – décembre 1858). Édition établie, présentée et annotée par Jean Bruneau. Paris. Gallimard. (Bibliothèque de la Pléiade).

Flaubert, Gustave. 1991. *Correspondance III*: (*janvier 1859 – décembre 1868*). Édition établie, présentée et annotée par Jean Bruneau. Paris. Gallimard. (Bibliothèque de la Pléiade).

Flaubert, Gustave. 1998. *Correspondance IV*: (*janvier 1869 – décembre 1875*). Édition établie, présentée et annotée par Jean Bruneau. Paris. Gallimard. (Bibliothèque de la Pléiade).

d) Weitere Texte von Flaubert

Flaubert, Gustave. 1952. *La Légende de saint Julien l'Hospitalier*. In: *Œuvres II*. Texte établi et annoté par A[lbert] Thibaudet et R[ené] Dumesnil. Paris. Gallimard. (Bibliothèque de la Pléiade).

Flaubert, Gustave. 1966. *Dictionnaire des idées reçues*. Édition diplomatique des trois manuscrits de Rouen par Lea Caminiti. Paris. Nizet.

Flaubert, Gustave. 2001. «*Quidquid volueris*». In: *Œuvres de jeunesse: Œuvres complètes, I*. Édition présentée, établie et annotée par Claudine Gothot-Mersch et Guy Sagnes. Paris. Gallimard. (Bibliothèque de la Pléiade).

2. Texte anderer Autoren

Du Camp, Maxime. 1853. *Livre posthume*. Paris. Lecou.

Du Camp, Maxime. 1994. *Souvenirs littéraires*. Préface de Daniel Oster. [Paris]. Aubier.

Hugo, Victor. 1975. *Notre-Dame de Paris: Les Travailleurs de la mer*. Textes établis, présentés et annotés par Jacques Seebacher et Yves Gohin. Paris. Gallimard. (Bibliothèque de la Pléiade).

La Fontaine, Jean de. 1991. *Œuvres complètes I: Fables: Contes et nouvelles*. Édition établie, présentée et annotée par Jean-Pierre Collinet. Paris. Gallimard. (Bibliothèque de la Pléiade).

[Ovid] Ovidius Naso, Publius. 1988. *Metamorphosen*. In deutsche Hexameter übertragen und herausgegeben von Erich Rösch.

Mit einer Einführung von Niklas Holzberg. München. Artemis. (Sammlung Tusculum).

Proust, Marcel. 1971. *Contre Sainte-Beuve* précédé de *Pastiches et mélanges* et suivi de *Essais et articles*. Édition établie par Pierre Clarac avec la collaborarion d'Yves Sandre. Paris. Gallimard. (Bibliothèque de la Pléiade).

3. Sekundärliteratur und Nachschlagewerke

Adam, Jean-Michel. 1976. „La production du sens". In: *Linguistique et discours littéraire: Théorie et pratique des textes*. Avec la collaboration de Jean-Pierre Goldenstein. Paris. Larousse. 121–132.

Addison, Claire. 1996. *Where Flaubert lies: Chronology, mythology and history*. Cambridge. Cambridge University Press. (Cambridge studies in French 48).

Adert, Laurent. 1996. *Les mots des autres: Lieu commun et création romanesque dans les œvres de Gustave Flaubert, Nathalie Sarraute et Robert Pinget*. Villeneuve d'Ascq. Presses Universitaires du Septentrion. (Thèse Université de Genève 1993).

Allen, Robert Franklin. 1968. „L'atmosphère, telle qu'elle est évoquée par les adjectifs-clefs de *Madame Bovary*". In: *Les Amis de Flaubert* 33. 16–25. [Anfang].

Allen, Robert Franklin. 1969. „L'atmosphère, telle qu'elle est évoquée par les adjectifs-clefs de *Madame Bovary*". In: *Les Amis de Flaubert* 34. 11–20. [Fortsetzung und Schluss].

Aprile, Max. 1974. „Les répercussions d'un fait divers dans la composition de *Madame Bovary*". In: *Les Amis de Flaubert* 44. 31–32.

Aprile, Max. 1976. „L'aveugle et sa signification dans *Madame Bovary*". In: *Revue d'Histoire Littéraire de la France* LXXVI (3). 385–392.

Auerbach, Erich. 1946. *Mimesis: Dargestellte Wirklichkeit in der abendländischen Literatur*. Tübingen und Basel. Francke.

Augier, Denis. 1998. „L'Or et l'Émeraude: Sur la signification alchimique de quelques personnages de *Notre-Dame de Paris*". In: *The Romanic Review* LXXXIX (2). 199–206.

Bal, Mieke. 1974. „Fonction de la description romanesque: La description de Rouen dans *Madame Bovary*". In: *Revue des langues vivantes* XL (2). Bruxelles. 132–149.

Bal, Mieke. 1982. „Théorie de la description: L'exemple de *Madame Bovary*". In: Peter Michael Wetherill. *Flaubert: la dimension du texte: Communications du congrès international du centenaire organisé en mai 1980 par la délégation culturelle française et la Section d'Etudes françaises de l'Université de Manchester*. Manchester. Manchester University Press. 175–236.

Bargues-Rollins, Yvonne. 1998. *Le pas de Flaubert: Une danse macabre*. Paris. Champion. (Romantisme et modernités 17).

Barny, Roger. 1994. „*L'Éducation sentimentale:* La rencontre (chapitre 1)". In: *Études textuelles 4*. Paris. Les Belles Lettres. (Centre de recherches Jacques-Petit. Volume 68. Annales Littéraires de l'Université de Besançon 539). 55–70.

Barthes, Roland. 1968. „L'effet de Réel". In: *Communications* 11. 84–89.

Barthes, Roland. 1970. *S/Z*. Paris. Seuil.

Bernard, Michel. 1999. „*Madame Bovary* ou le danger des sucreries". In: *Romantisme* 103. 41–51.

Bismut, Roger. 1963a. „Rodolphe émule de D. Juan: Une nouvelle source de *Madame Bovary*". In: *Les Amis de Flaubert* 22. 39–40.

Bismut, Roger. 1963b. „Une scène de Molière dans *Madame Bovary*". In: *Les Amis de Flaubert* 23. 14–17.

Bismut, Roger. 1964. „*Madame Bovary* et les Idées reçues". In: *Les Amis de Flaubert* 25. 6–10.

Bismut, Roger. 1965a. „Flaubert et le *Médecin de Campagne* de Balzac". In: *Les Amis de Flaubert* 26. 7–10.

Bismut, Roger. 1965b. „Henri Monnier modèle de Flaubert". In: *Les Amis de Flaubert* 27. 15–17.

Bismut, Roger. 1967. „Quelques dettes balzaciennes de Flaubert". In: *Les Amis de Flaubert* 31. 15–18.

Bismut, Roger. 1971a. „A propos des *Mémoires de l'Europe*". In: *Les Amis de Flaubert* 38. 46–47.

Bismut, Roger. 1971b. „Encore *le Dictionnaire des idées reçues*". In: *Les Amis de Flaubert* 39. 23–37.

Bismut, Roger. 1972a. „Madame Bovary, c'est... Madame Arnoux". In: *Les Amis de Flaubert* 40. 13–41.
Bismut, Roger. 1972b. „Et si Yonville-l'Abbaye était... Lyon-la-Forêt?". In: *Les Amis de Flaubert* 41. 17–20.
Bismut, Roger. 1973a. „Sur une chronologie de *Madame Bovary*". In: *Les Amis de Flaubert* 42. 4–9.
Bismut, Roger. 1973b. „Impressions de lecture". In: *Les Amis de Flaubert* 43. 13–16.
Bismut, Roger. 1974. „Sur un procédé de composition de Gustave Flaubert: Étude thématique d'un fragment de *La Légende de Saint-Julien l'Hospitalier*". In: *Les Amis de Flaubert* 45. 23–26.
Bismut, Roger. 1977. „*Le Bonheur* de Maupassant, nouvelle à énigme". In: *Les Amis de Flaubert* 50. 5–8.
Bismut, Roger. 1978. „*Le Gamin de Paris*, ou les options littéraires de M. Binet, percepteur à Yonville". In: *Les Amis de Flaubert* 53. 21–26.
Bismut, Roger. 1987. „*Quidquid volueris:* exercice de style? pastiche? ou réservoir d'images?". In: *Les Lettres romanes* XLI (1–2). 35–43.
Bloom, Harold. 1973. *The Anxiety of Influence: A theory of poetry*. New York. Oxford University Press.
Bloom, Harold (Hg.). 1988. *Gustave Flaubert's «Madame Bovary»*. New York. Chelsea House Publishers.
Bonaccorso, Giovanni. 1977. „Les parrains littéraires de Léon". In. *Les Amis de Flaubert* 50. 38–39.
Bopp, Léon. 1951. *Commentaire sur «Madame Bovary»*. Neuchatel. A la Baconnière.
Bosquet, Gaston. 1957a. „Yonville l'Abbaye est-il Forges?". In: *Les Amis de Flaubert* 10. 12–14.
Bosquet, Gaston. 1957b. „Recherches sur quelques prototypes ‚traditionnels' de *Madame Bovary*". In: *Les Amis de Flaubert* 11. 15–23.
Bouillaguet, Annick. 2000. *Proust, lecteur de Balzac et de Flaubert: L'imitation cryptée*. Paris. Champion.
Breut, Michèle. 1994. *Le haut et le bas: Essai sur le grotesque dans «Madame Bovary» de Gustave Flaubert*. Amsterdam. Rodopi.
Brombert, Victor. 1966. *The novels of Flaubert: A study of themes and techniques*. Princeton, New Jersey. Princeton University Press.

Brombert, Victor. 1971. *Flaubert par lui-même.* Paris. Seuil. (Ecrivains de toujours).

Brombert, Victor. 1974. „Prison de la pensée: Le condamné de Hugo". In: *L'arc* 57. 6–14.

Brombert, Victor. 1975. „Pétrus Borel et les prisons noires". In: *La prison romantique: Essai sur l'imaginaire.* Paris. José Corti. 53–66.

Brombert, Victor. 1984. *Victor Hugo and the Visionary Novel.* Cambridge. Harvard University Press.

Brombert, Victor. 1988. *The hidden reader: Stendhal, Balzac, Hugo, Baudelaire, Flaubert.* Cambridge. Harvard University Press.

Brombert, Victor. 1999. *In praise of antiheroes: Figures and themes in modern european literature: 1830–1980.* Chicago and London. The University of Chicago Press.

Bruneau, Jean: 1977. „Noms et Prénoms dans *Madame Bovary* (suite)". In: *Les Amis de Flaubert* 51. 42–43.

Brunhammer, Yvonne. 1983. *Le livre des expositions universelles 1951–1989.* Paris. Union Centrale des Arts Décoratifs.

Busi, Frederick. 1990. „Flaubert's Use of Saints' Names in *Madame Bovary*". In: *Nineteenth-Century French Studies* XIX (1). 95–109.

Butler, R[?]. 1982. „Flaubert et la personnalité involontaire: La présence Flaubertienne dans *Madame Bovary*". In: *Les Amis de Flaubert* 61. 22–32.

Butor, Michel. 1984. „A propos de *Madame Bovary*". In: *Improvisations sur Flaubert.* Paris. La Différence.

Chambers, Ross. 1987. „Le *nouveau* et le Proviseur". In: *Mélancolie et opposition: Les débuts du modernisme en France.* Paris. José Corti. 15–38.

Chessex, Jacques. 1991. *Flaubert ou le désert en abîme.* Paris. Grasset.

Colling, Alfred. 1947. *Gustave Flaubert: L'homme et son œuvre.* Paris. Arthème Fayard.

Corblin, Francis. 1983a. „Les désignateurs dans les romans". In: *Poétique* XIV (54). 199–211.

Corblin, Francis. 1983b. „Défini et démonstratif dans la reprise immédiate". In: *le Français moderne* LI (2). 118–134.

Crouzet, Michel. 1969. „Le style épique dans *Madame Bovary*". In: *Europe* 485/486/487. 151–172.

Crouzet, Michel. 1989. „«Ecce» Homais". In: *Revue d'Histoire Littéraire de la France* LXXXIX (6). 980–1014.

Culler, Jonathan. 1974. *Flaubert: The Uses of Uncertainty*. London. Elek. (Novelists and their world).

Culler, Jonathan. 1975. *Structuralist poetics: Structutalism, linguistics and the study of literature*. London. Routledge and Kegan Paul.

Culler, Jonathan. 1981. „The uses of *Madame Bovary*". *Diacritics* 11. 74–81.

Culler, Jonathan. 1997. *Literary theory*. Oxford. Oxford University Press.

Danger, Pierre. 1973. *Sensations et objets dans le roman de Flaubert*. Paris. Colin.

Daniels, Graham. 1978. „Emma Bovary's opera – Flaubert, Scott and Donizetti". In: *French Studies* XXXII (3). Oxford. 285–303.

Daniels, Graham. 1982. „Réflexions sur le thème du voyage dans *Madame Bovary*". In: Peter Michael Wetherill. *Flaubert: la dimension du texte: Communications du congrès international du centenaire organisé en mai 1980 par la délégation culturelle française et la Section d'Etudes françaises de l'Université de Manchester*. Manchester. Manchester University Press. 56–89.

Daunais, Isabelle. 1993. „Flaubert et la résistance des objets". In: *Poétique* XXIV (93). 63–75.

Debray Genette [sic], Raymonde. 1997. „*Madame Bovary:* une trilogie pensive". In: *Poétique* XXVIII (110). 131–141.

Demorest, D[on]-L[ouis]. 1931. *L'Expression figurée et symbolique dans l'œuvre de Gustave Flaubert*. Thèse présenté à la Faculté des Lettres pour le Doctorat ès Lettres par D. L. Demorest, Assistant-Professor of Romance Languages Ohio State University. Paris. Les Presses Modernes.

[Demorest, Don]. 1979. *Essais sur Flaubert*. En l'honneur du professeur Don Demorest, hg. von Charles Carlut. Paris. Nizet.

Dethloff, Uwe. 1976. *Das Romanwerk Gustave Flauberts: Die Entwicklung der Personendarstellung von «Novembre» bis «L'Education Sentimentale» (1869)*. München. Wilhelm Fink.

Dethloff, Uwe. 1997. *Französischer Realismus*. Stuttgart. Metzler (Sammlung Metzler 306).

Douchin, Jacques-Louis. 1981a. „*Madame Bovary*, roman ésotérique?". In: *Les Amis de Flaubert* 58. 20–30. [Anfang].
Douchin, Jacques-Louis. 1981b. „*Madame Bovary*, roman ésotérique? *(suite)*". In: *Les Amis de Flaubert* 59. 21–34. [Fortsetzung und Schluss].
Dubois, Jacques. 1973. „Surcodage et protocole de lecture dans le roman naturaliste". In: *Poétique* IV (16). 491–498.
Dubuc, André. 1972. „Toponymie dans *Madame Bovary*". In: *Les Amis de Flaubert* 41. 27–29.
Duchet, Claude. 1969. „Roman et objets: l'exemple de *Madame Bovary*". In: *Europe* 485/486/487. 172–201.
Duchet, Claude. 1971. „Pour une socio-critique ou variations sur un incipit". In: *littérature* 1. 5–14.
Duchet, Claude. 1975. „Signifiance et in-signifiance: le discours italique dans *Madame Bovary*". In: Claudine Gothot-Mersch. *La production du sens chez Flaubert*. Colloque de Cerisy. Direction: Claudine Gothot-Mersch. Paris. Union générale d'éditions. 358–378.
Duchet, Claude. 1976. „Discours social et texte italique dans *Madame Bovary*". In: Michael Issacharoff. *Langages de Flaubert*. Actes du Colloque de London (Canada) 1973. Paris. Lettres modernes. Minard. (situation 32). 143–163.
Durand, André. 1952. „*Madame Bovary* et Neufchâtel-en-Bray". In: *Les Amis de Flaubert* 3. 2–6.
Emptaz, Florence. 2001. „Gustave Flaubert apprenti orthopédiste: De la bibliothèque paternelle à l'espace romanesque". In: Yvan Leclerc. *La Bibliothèque de Flaubert: Inventaires et critiques*. Sous la direction de Yvan Leclerc. [Mont-Saint-Aignan (Seine-Maritime)]. Publications de l'Université de Rouen. 221–235.
Emptaz, Florence. 2002. *Aux pieds de Flaubert*. Paris. Grasset.
Falconer, Graham. 1975. „Création et conservation du sens dans *Madame Bovary*". In: Claudine Gothot-Mersch. *La production du sens chez Flaubert*. Colloque de Cerisy. Direction: Claudine Gothot-Mersch. Paris. Union générale d'éditions. 395–423.
Falconer, Graham. 1976. „Flaubert assassin de Charles...". In: Michael Issacharoff. *Langages de Flaubert*. Actes du Colloque de London (Canada) 1973. Paris. Lettres modernes. Minard. (situation 32). 115–136.

Ferrand, Jacqueline. 1958. „Autour de *Madame Bovary*". In: *Les Amis de Flaubert* 12. 32–34.

Foucart, Bruno. 1987. *Le renouveau de la peinture religieuse en France (1800–1860)*. Publié avec le concours du Centre national de la Recherche Scientifique et du J. Paul Getty Trust. Paris. Arthéna.

Friedrich, Jean E[?]. 1954. „Ascendance et descendance de Véronique, Delphine Couturier". In: *Les Amis de Flaubert* 5. 28–31.

Gateau, Jean-Charles. 1987. *Abécédaire critique: Flaubert, Baudelaire, Rimbaud, Dadas et Surréalistes, Saint-John Perse, Butor, &c.* Genève. Droz. (Histoire des idées et critique littéraire. Vol. 249).

Gaudon, Jean. 1986. „La lettre et l'esprit". In: [Ministère de la Culture]. *La gloire de Victor Hugo: Galeries nationales du Grand Palais, Paris 1er octobre 1985 – 6 janvier 1986*. [Ausstellungskatalog]. Paris. Ministère de la Culture. 511–525.

Gérard-Gailly, Emile. 1952. „La Vaubyessard". In: *Les Amis de Flaubert* 3. 7–9.

Gohin, Yves. 1985. „Présentation". In: Victor Hugo. *Victor Hugo: Œuvres complètes: Roman III*. Paris. Robert Laffont. I-V.

Gothot-Mersch, Claudine. 1966. *La Genèse de «Madame Bovary»*. Paris. Corti.

Gothot-Mersch, Claudine. 1971a. „Le point de vue dans «Madame Bovary»". In: *Cahiers de l'Association Internationale des Études Françaises* 23. 243–259.

Gothot-Mersch, Claudine. 1971b. „Introduction". In: Gustave Flaubert. *Madame Bovary: Mœurs de province*. Sommaire biographique, introduction, note bibliographique, relevé des variantes et notes par Claudine Gothot-Mersch. Paris. Garnier frères.V-LXIII. Sowie „Notes". 443–467.

Gothot-Mersch, Claudine. 1975. *La production du sens chez Flaubert*. Colloque de Cerisy. Direction: Claudine Gothot-Mersch. Paris. Union générale d'éditions.

Gothot-Mersch, Claudine. 1979. „Portrait en antithèse dans les récits de Flaubert". In: [Don Demorest]. *Essais sur Flaubert*. En l'honneur du professeur Don Demorest, hg. von Charles Carlut. Paris. Nizet. 285–311.

Gothot-Mersch, Claudine. 1981. „De *Madame Bovary* à *Bouvard et Pécuchet*. La parole des personnages dans les romans de Flaubert". In: *Revue d'Histoire Littéraire de la France* LXXXI (4–5). 542–562.

Gothot-Mersch, Claudine. 1982. „Aspects de la temporalité dans les romans de Flaubert". In: Peter Michael Wetherill. *Flaubert: la dimension du texte: Communications du congrès international du centenaire organisé en mai 1980 par la délégation culturelle française et la Section d'Etudes françaises de l'Université de Manchester.* Manchester. Manchester University Press. 6–55.

Gothot-Mersch, Claudine. 2001. „Introduction". In: Gustave Flaubert. *Œuvres de jeunesse: Œuvres complètes I.* Edition présentée, établie et annotée par Claudine Gothot-Mersch et Guy Sagnes. Paris. Gallimard. (Bibliothèque de la Pléiade). XXXVII–LXVI. Sowie „Notices, notes et variantes". 1207–1645.

Griffin, Robert. 1988. *Rape of the lock. Flaubert's mythic realism.* Lexington, Kentucky. French Forum. (French Forum monographs 70).

Haehnel, Gisela. 2001. *Charles Bovary – eine entwertete Romanfigur.* Aachen. Shaker. (Berichte aus der literaturwissenschaft. Dissertation der Universität Bonn).

Haloche, Maurice. 1955. „Victor Hugo vu par Flaubert". In: *Les Amis de Flaubert* 6. 25–28.

Harvey, W[illiam] J[ohn]. 1965. *Character and the novel.* London. Chatto & Windus.

Hatzfeld, Helmut. 1979. „Le réalisme moderne dans *Don Quichotte* et *Madame Bovary*". In: [Don Demorest]. *Essais sur Flaubert.* En l'honneur du professeur Don Demorest, hg. von Charles Carlut. Paris. Nizet. 271–284.

Heath, Stephen. 1992. *Gustave Flaubert: Madame Bovary.* Cambridge. Cambridge University Press. (Landmarks of world literature).

Hegenbarth-Rösgen, Annelie. 1985. „Personencharakteristik in narrativen Texten". In: *Praxis des neusprachlichen Unsterrichts.* Köln. TRADIS. 138–147.

Herschberg-Pierrot, Anne. 1985. *Stylistique de la Prose.* Paris. Belin.

Herval, René. 1954. „Du nouveau sur *Madame Bovary*". In: *Les Amis de Flaubert* 5. 2–24.

Herval, René. 1956. „A propos du fiacre de *Madame Bovary*". In: *Les Amis de Flaubert* 9. 38.

Herval, René. 1960. „Non! Il n'y a pas eu de baptême d'Emma BOVARY en Egypte". In: *Les Amis de Flaubert* 17. 40–41.

Hollingsworth, Dendon E[?]. 1978. „Gustave Flaubert et le souci de vraisemblance: La mort d'Emma Bovary". In: *Les Amis de Flaubert* 53. 4–11.

Issacharoff, Michal. 1976. *Langages de Flaubert*. Actes du Colloque de London (Canada) 1973. Paris. Lettres modernes. Minard. (situation 32).

Klose, Jutta, 1987. *Tafelfreud und Liebesleid in der Bourgeoisie: »Essen und Trinken« bei Balzac, Flaubert und Zola*. Frankfurt am Main. Peter Lang. (Heidelbertger Beiträge zur Romanistik 22).

Koch, Thomas. 1991. *Literarische Menschendarstellung: Studien zu ihrer Theorie und Praxis: (Retz, La Bruyère, Balzac, Flaubert, Proust, Lainé)*. Tübingen. Stauffenburg-Verlag. (Romanica et comparatistica 18).

Lacoste, Francis. 2001. „Éducation sentimentale ou éducation littéraire? (à propos de la première *Éducation sentimentale)*". In: Yvan Leclerc. *La Bibliothèque de Flaubert: Inventaires et critiques*. Sous la direction de Yvan Leclerc. [Mont-Saint-Aignan (Seine-Maritime)]. Publications de l'Université de Rouen. 209–219.

Lafay, Jean-Claude. 1986. *Le réel et la critique dans «Madame Bovary» de Flaubert*. Paris. Lettres modernes. (Archives des lettres modernes 223: Archives Gustave Flaubert 6).

Lambert, Pierre. 1959. „Le Baptême d'Emma Bovary en Egypte". In: *Les Amis de Flaubert* 15. 24–25.

Larousse, Pierre. 1866–1878. *Grand dictionnaire universel du XIXe siècle: Français, historique, géographique, mythologique, bibliographique, littéraire, artistique, scientifique, etc., etc.* par M. Pierre Larousse. 16 Bde. Paris. Administration du Grand dictionnaire universel.

Lassalle-Maraval, Thérèse. 1998. „La Fontaine et le composite". In: [Claude Sicard]. *Chemins ouverts: Mélanges offerts à Claude Sicard*. Textes réunis par Sylvie Vignes; Avant-propos de Lucienne Cantaloube-Ferrieu. Toulouse. Presses universitaires du Mirail. (Les Cahiers de littératures). 41–47.

Le Calvez, Eric. 1994. „La Description testimoniale. (*L'Éducation sentimentale* de Flaubert)". In: *Les lettres romanes* XLVIII (1/2). 27–41.

Le Calvez, Eric: 1996. „La description focalisée: Un problème de poétique génétique: (à propos de *L'Éducation sentimentale*)". In: *Poétique* XXVII (108). 395–429.

Le Calcez, Eric. 1998. „La description temporalisée". In: *Poétique* XXIX (114). 185–208.

Leclerc, Yvan. 2001. *La Bibliothèque de Flaubert: Inventaires et critiques*. Sous la direction de Yvan Leclerc. [Mont-Saint-Aignan (Seine-Maritime)]. Publications de l'Université de Rouen.

Le Juez, Brigitte. 1998. „le ‚bon petit frère' et le rêve d'Emma Bovary". *French Studies Bulletin* 69. 17–19.

Levin, Harry. 1963. „The Female Quixote". In: *The Gates of Horn*. New York. Oxford University Press. 246–269.

[Littré, Paul-Emile]. 1999. *Littré: Dictionnaire de la langue française*. 7 Bde. Versailles. Encyclopaedia Britannica France.

Lowe, A[?] M[?]. 1972. „Emma Bovary, a modern Arachne". In: *French Studies* XXVI (1). 30–41.

Lubkoll, Christine (Hg.). 2002. *Das Imaginäre des Fin de siècle: Ein Symposium für Gerhard Neumann*. Freiburg im Breisgau. Rombach. (Rombach Wissenschaften. Reihe Litterae: Band 88).

Magné, Bernard. 1991. „ Un *nous* à l'étude". In: *Conséquences*. 15/16. 3–20.

Mailhos, Georges. 1998. „De quelques effets du composite dans l'art". In: [Claude Sicard]. *Chemins ouverts: Mélanges offerts à Claude Sicard*. Textes réunis par Sylvie Vignes; Avant-propos de Lucienne Cantaloube-Ferrieu. Toulouse. Presses universitaires du Mirail. (Les Cahiers de litératures). 67–76.

Malgor, Didier. 1995. „*Bouvard et Pécuchet*, ou la recherche du nom". In: *Poétique* XXVI (103). 319–330.

Martin, René-Marie. 1956. „A propos du pied bot d'Hippolyte". In: *Les Amis de Flaubert* 9. 26–27.

Masson, Bernard. 1986. *Gustave Flaubert 2: mythes et religion*. Textes réunis par Bernard Masson. Paris. Minard. (*La Revue des lettres modernes*).

Masson, Bernard. 1997. „Le langage des signes dans *Madame Bovary*". In: *Equinoxe* [Kyoto] 14. 29–40.

Mathet, Marie-Thérèse. 1980. „Madame (Bovary)". In: *Poétique* XI (43). 346–353.

Mathet, Marie-Thérèse. 1988. *Le Dialogue romanesque chez Flaubert*. Lille. Atelier National Reproduction des Thèses, Université Lille III. (Diss. Univ. Paris).

Mathet, Marie-Thérèse. 1998. „Quelque chose". In: [Claude Sicard]. *Chemins ouverts: Mélanges offerts à Claude Sicard*. Textes réunis par Sylvie Vignes; Avant-propos de Lucienne Cantaloube-Ferrieu. Toulouse. Presses universitaires du Mirail. (Les Cahiers de litératures). 113–120.

Matsuzawa, Kazuhiro. 1997. „Un essai de commentaire génétique de l'épisode des Bertaux dans *Madame Bovary*". In: *Equinoxe* [Kyoto] 14. 41–59.

Mercié, Jean-Luc. 1978. „Le sexe de Charles". In: *La Nouvelle Revue Française* LII (309). 47–62.

Mölk, Ulrich. 1984. „Gustave Flaubert am zweiten Katarakt: ‚Je l'appellerai Emma Bovary': Zugleich ein Plädoyer für eine kritische Ausgabe von Flauberts *Voyage en Orient (1849–1851)*". In: *Romanische Forschungen* 96. 264–277.

[Mölk, Ulrich]. 1997. *Literatur: Geschichte und Verstehen*. Festschrift für Ulrich Mölk zum 60. Geburtstag. Herausgegeben von Hinrich Hudde und Udo Schöning in Verbindung mit Friedrich Wolfzettel. Heidelberg. Universitätsverlag C. Winter. (Studia Romanica, Heft 87).

Molino, Jean. 1982. „Le nom propre dans la langue". In: *Langages* 66. 5–20.

Morhange, Jean-Louis. 1995. „Incipit narratifs. L'entrée du lecteur dans l'univers de la fiction". In: *Poétique* XXVI (104). 387–410.

Morisset, Maurice. 1954. „Propos hérétiques sur *Madame Bovary*". In: *Les Amis de Flaubert* 5. 67–68.

Mouchard, Claude; Neefs, Jacques. 1986. *Flaubert: Une vie, une œuvre, une époque*. [Paris]. Balland. (Collection Phares).

Orr, Mary. 2000. *Flaubert, writing the masculine*. Oxford. Oxford University Press.

Philippot, Didier. 1994. „La casquette de Charles Bovary ou le chef-d'œuvre inconnu de l'autolâtrie bourgeoise". In: *Les Lettres romanes* XLVIII (3–4). 219–236.

Philippot, Didier. 1997. *Vérité des choses, mensonges de l'homme dans*

«*Madame Bovary*» *de Flaubert: De la nature au narcisse*. Paris. Champion. (Romantisme et modernités 11).

Picard, Michel. 1973. „La prodigalité d'Emma Bovary". In: *littérature* 10. 77–97.

Planté, Christine. 1997. „Les cendres et la goutte d'eau. Des lettres dans *Madame Bovary*". In: *Poétique* XXVIII (111). 343–358.

Pommier, Jean. 1951. „Petite note sur *Madame Bovary: Images et roman*". In: *Les Amis de Flaubert* 2. 3–4.

Pommier, Jean. 1955. „En marge de *Madame Bovary*". In: *Les Amis de Flaubert* 6. 35–38.

Pommier, Jean. 1961a. „Le thème de la femme mal mariée chez Balzac, Mérimée et Flaubert". In: *Les Amis de Flaubert* 19. 16–20.

Pommier, Jean. 1961b. „ *La Muse du Département* et le thème de la femme mal mariée chez Balzac, Mérimée et Flaubert". In: *l'Année balzacienne*. 191–221.

Pommier, Jean. 1967. „Noms et prénoms dans *Madame Bovary*. Essai d'onomastique littéraire". In: Jean Pommier. *Dialogues avec le passé: Etudes et portraits littéraires*. Paris. Nizet. 141–157.

Poulet, Georges. [1952]. „Flaubert". In: Georges Poulet. *Etudes sur le temps humain*. Paris. Plon. 308–326.

Poulet, Georges. 1961. „Flaubert". In: Georges Poulet. *Les Métamorphoses du cercle*. Paris. Plon. 371–393.

Poyet, Thierry. 2001. „L'écriture épistolaire et les jugements littéraires chez Flaubert". In: Yvan Leclerc. *La Bibliothèque de Flaubert: Inventaires et critiques*. Sous la direction de Yvan Leclerc. [Mont-Saint-Aignan (Seine-Maritime)]. Publications de l'Université de Rouen. 337–346.

Privat, Jean-Marie. 1994. *Bovary Charivari: Essai d'ethno-critique*. Paris. CNRS.

Proust, Marcel. 1971. „À propos du « style » de Flaubert". In: *Essais et articles*. Édition établie par Pierre Clarac avec la collaboration d'Yves Sandre. Paris. Gallimard. (Bibliothèque de la Pléiade).

Raitt, Alan. 1986. „« Nous étions à l'étude... »". In: Bernard Masson. *Gustave Flaubert 2: mythes et religion*. Textes réunis par Bernard Masson. Paris. Minard. (*La Revue des lettres modernes*). 161–192.

Raitt, Alan. 1999. *Flaubert et le théâtre*. 2 éd., revue et corr. Bern. Lang. (Le romantisme et après en France, vol. 1).

Rey, Pierre Louis. 1996. *Madame Bovary* de Gustave Flaubert. [Paris]. Gallimard.

Reynaud, Patricia. 1994. *Fiction et faillite: Economie et métaphores dans «Madame Bovary»*. New York. Lang.

Ricardou, Jean. 1975. „Belligérance du texte". In: Claudine Gothot-Mersch. *La production du sens chez Flaubert*. Colloque de Cerisy. Direction: Claudine Gothot-Mersch. Paris. Union générale d'éditions. 85–102.

Richard, Jean-Pierre. 1954. *Littérature et sensation*. Préface de Georges Poulet. Paris. Seuil.

Richard, Jean-Pierre. 1970. *Etudes sur le romantisme*. Paris. Seuil.

Richard, Jean-Pierre. 1979. *Microlectures*. Paris. Seuil.

Riffaterre, Michael. 1981. „Flauberts Presuppositions". In: *Diacritics* 11. 2–11.

Rousset, Jean. 1962. „Madame Bovary ou le livre sur rien". In: Jean Rousset. *Forme et signification: Essais sur les structures littéraires de Corneille à Claudel*. Paris. Corti. 109–133.

Sachs, Murray. 1968. „The Role of the Blind Beggar in *Madame Bovary*". In: *Symposium* XXII. 72–80.

Sachs, Murray. 1976. „La fonction du comique dans *Madame Bovary*". In: Michael Issacharoff. *Langages de Flaubert*. Actes du Colloque de London (Canada) 1973. Paris. Lettres modernes. Minard. (situation 32). 171–181.

Saminadayar, Corinne. 1998. „Mises en scène: Du réel comme palimpseste". In: [Claude Sicard]. *Chemins ouverts: Mélanges offerts à Claude Sicard*. Textes réunis par Sylvie Vignes; Avant-propos de Lucienne Cantaloube-Ferrieu. Toulouse. Presses universitaires du Mirail. (Les Cahiers de litératures). 121–129.

Schlossman, Beryl. 1991. *The Orient of Style: Modernist allegories of conversion*. Durham. Duke University Press.

Schor, Naomi. 1988. „For a Restricted Thematics: Writing, Speech and Difference in *Madame Bovary*". In: Harold Bloom (Hg.). *Gustave Flaubert's «Madame Bovary»*. New York. Chelsea House Publishers. 61–81.

Schulz-Buschhaus, Ulrich. 1997. „‚C'est la faute de la fatalité!' Über die Funktion von ‚grands mots' in den Romanen Flauberts". In: [Ulrich Mölk]. *Literatur: Geschichte und Verstehen*. Festschrift für

Ulrich Mölk zum 60. Geburtstag. Herausgegeben von Hinrich Hudde und Udo Schöning in Verbindung mit Friedrich Wolfzettel. Heidelberg. Universitätsverlag C. Winter. (Studia Romanica, Heft 87). 447–462.

Seebacher, Jacques. 1975. „Chiffres, Dates, Écritures, Inscriptions dans *Madame Bovary*". In: Claudine Gothot-Mersch. *La production du sens chez Flaubert*. Colloque de Cerisy. Direction: Claudine Gothot-Mersch. Paris. Union générale d'éditions. 286–296.

Seebacher, Jacques. 1985. *Hugo le fabuleux*. Direction: Jacques Seebacher, Anne Ubersfeld. Paris. Seghers. (Colloque de Cerisy).

Seebacher, Jacques. 1993. *Victor Hugo ou le calcul des profondeurs*. Paris. Presses Universitaires de France.

[Sicard, Claude]. 1998. *Chemins ouverts: Mélanges offerts à Claude Sicard*. Textes réunis par Sylvie Vignes; Avant-propos de Lucienne Cantaloube-Ferrieu. Toulouse. Presses universitaires du Mirail. (Les Cahiers de litératures).

Sugaya, Norioki. 2001. „La bibliothèque romantique d'Emma condamnée par la bibliothèque médicale de Bouvard et Pécuchet". In: Yvan Leclerc. *La Bibliothèque de Flaubert: Inventaires et critiques*. Sous la direction de Yvan Leclerc. [Mont-Saint-Aignan (Seine-Maritime)]. Publications de l'Université de Rouen. 237–247.

Tanner, Tony. 1979. *Adultery in the Novel: Contract and transgression*. Baltimore and London. The Johns Hopkins University Press.

Thibaudet, Albert. 1935. *Gustave Flaubert*. Paris. Gallimard.

Tuzet, Hélène. 1957. „L'image du soleil noir". In: *Revue des sciences humaines* 22. 479–502.

Ubersfeld, Anne. 1974. „D'une théorie du grotesque". In: Anne Ubersfeld. *Le Roi et le Bouffon. Etude sur le théatre de Hugo de 1830 à 1839*. Paris. Corti. 461–474.

Verard, René. 1959. „Adolphe JOUANNE fut-il ou non le prototype du pharmacien Homais?". In: *Les Amis de Flaubert* 14. 39–43.

Vercollier, Claudine. 1975. „Le Personnage de l'Abbé Bournisien dans *Madame Bovary*". In: *Les Amis de Flaubert* 47. 35–38.

Vinken, Barbara. 2002. „Lieben, Lesen, Essen: Realismus und geistlicher Schriftsinn in *Madame Bovary*". In: Lubkoll, Christine (Hg.). *Das Imaginäre des Fin de siècle*. Ein Symposium für Ger-

hard Neumann. Freiburg im Breisgau. Rombach. (Rombach Wissenschaften. Reihe Litterae: Band 88). 337–356.
von Matt, Peter. 1995. *Verkommene Söhne, missratene Töchter: Familiendesaster in der Literatur*. München. dtv.
Westerwelle, Karin. 1993. *Ästhetisches Interesse und nervöse Krankheit: Balzac, Baudelaire, Flaubert*. Stuttgart und Weimar. Metzler. [(Dissertation Universität Bielefeld, gekürzte Fassung)].
Wetherill, Peter Michael. 1963. „Qu'est-ce que la réalité? A propos de *Madame Bovary*". In: *Les Amis de Flaubert* 23. 21–26.
Wetherill, Peter Michael. 1964. *Flaubert et la création littéraire*. Paris. Nizet.
Wetherill, P[eter] M[ichael]. 1970. „*Madame Bovary*'s Blind Man: Symbolism in Flaubert". In: *The Romanic Review* LXI. 35–42.
Wetherill, Peter Michael. 1982. *Flaubert: la dimension du texte: Communications du congrès international du centenaire organisé en mai 1980 par la délégation culturelle française et la Section d'Etudes françaises de l'Université de Manchester*. Manchester. Manchester University Press.
Williams, David. 1982. „Le rôle de Binet dans *Madame Bovary*". In: Peter Michael Wetherill. *Flaubert: la dimension du texte: Communications du congrès international du centenaire organisé en mai 1980 par la délégation culturelle française et la Section d'Etudes françaises de l'Université de Manchester*. Manchester. Manchester University Press. 90–120.
Zollinger, Edi. 2001. „Den die Pferde nicht loslassen: Hippolyte zum Beispiel – Flauberts Kunst, Namen zu geben". In: *Neue Zürcher Zeitung*, 16./17. Juni. 84. B-D.

4. Ausstellungskataloge

Julia, Isabelle. 1995. *Les années romantiques: La peinture française de 1815 à 1850: Musée des beaux-arts de Nantes 4 décembre 1995 – 17 mars 1996: Galeries Nationales du Grand Palais 16 avril – 15 juillet 1996, Palazzo Gotico, Plaisance 6 septembre – 17 novembre 1996*. [Commissariat général: Isabelle Julia, Jean Lacambre assistés de Sylvain Boyer]. Paris. Réunion des Musées Nationaux.

[Ministère de la Culture]. 1986. *La gloire de Victor Hugo: Galeries nationales du Grand Palais, Paris 1er octobre 1985 – 6 janvier 1986.* Paris. Ministère de la Culture.